Gartenmomente

BIENENFREUNDLICH GÄRTNERN

EMF

EIN BUCH DER
EDITION MICHAEL FISCHER

INHALTSVERZEICHNIS

ÜBER BIENEN

Bienen sind in aller Munde und die Sorge, die Bienen könnten verschwinden, treibt die Menschen um. Samentütchen mit Bienenblumen werden verteilt, damit Bienen in den ausgesäten Blüten Nahrung in Form von Nektar und Pollen finden. Wenn von Bienen gesprochen wird, meinen die meisten Menschen die Honigbiene. Dabei müssen wir uns um sie eigentlich keine Sorgen machen – Honigbienen sind Haustiere! Sie werden von Imkern in Bienenstöcken gehalten, gehütet und behütet wie eben jedes Haustier. Natürlich haben auch Imker Sorgen, nicht nur wegen der Varroamilbe, auch wegen des weit verbreiteten Einsatzes von Insektiziden wie den Neonikotinoiden. Bienen sind Insekten, glaubt denn irgendein Mensch, man könne Gifte gegen Insekten einsetzen und die Bienen davon verschont lassen?

Richtiggehend sorgen müssen wir uns um die Wildbienen, zu denen auch die Hummeln gehören. Unter den über 565 heimischen Arten sind drei Viertel Blütenbestäuber, die in drei großen Wellen – im Frühjahr, im Frühsommer und im Sommer – auftreten. Wildbienen sind die wesentlich besseren Bestäuber: Blüten, die von ihnen bestäubt wurden, bilden größere, saftigere, bessere Früchte als nach einer Bestäubung durch Honigbienen. Wildbienen sind an die klimatischen Bedingungen bei uns angepasst, sie fliegen schon ab kühlen 7 °C im Frühjahr, während die aus dem warmen Klima Vorderasiens stammenden Honigbienen erst ab 12 °C unterwegs sind. Die meisten Wildbienenarten bilden keine Staaten: Sie leben einzeln (solitär) und bauen in ihrem kurzen, mehrwöchigen Leben rund 20 Brutzellen in hohlen Pflanzenstängeln, Löchern in hartem Holz und vor allem in sandigem Boden. Im Umkreis um diese Nistplätze besuchen sie alle Blüten und sammeln Pollen und Nektar als Vorrat für die Larven, die sich nun fast ein Jahr lang an diesem Nistplatz entwickeln und ruhen. Sie ahnen die Bedrohungen für die Wildbienen: Abgesehen davon, dass es immer weniger Nistplätze, nektar- und pollenreiche Blüten gibt, ist es bei uns viel zu aufgeräumt – den Wildbienenkindern geht es genauso wie vielen anderen Insektenkindern (Schmetterlinge, Heuschrecken, Käfer etc.): Weil alles ständig gemäht, zurückgeschnitten und abgeräumt wird, haben sie keine Zeit, um groß zu werden.

Auf Balkon, Terrasse und im Garten können Sie durch Bienenblüten und das Anbieten von Nisthilfen einige Wildbienenarten wie die Gehörnte oder Rote Mauerbiene anlocken. Das hilft zwar dem Gros der Wildbienen nicht, aber für die Wildbienen im Siedlungsbereich ist das eine große Unterstützung. Zudem schenken Sie sich und Ihren Kindern herrliche Momente der Tierbeobachtung! Das Herz geht auf – hoffentlich auch für all die anderen Bienen und Insekten in unserer Heimat. Dafür lohnt es sich!

GARTEN
WISSEN

WILD- UND HONIGBIENEN

Bienen bilden zusammen mit den Wespen und Ameisen die Gruppe der Stechimmen innerhalb der großen Insektenordnung der Hautflügler (Hymenoptera). In Deutschland gibt es über 565 verschiedene Wildbienenarten, von denen etwa drei Viertel beim Sammeln von Pollen und Nektar Blüten bestäuben. Ein Viertel der Wildbienen sind Kuckucksbienen, die wie der Kuckuck ihre Eier einzeln in die Brutzelle einer anderen Wildbiene hineinschmuggeln. Wildbienen, Hummeln, Honigbienen – bei so vielen Begriffen kommt man leicht durcheinander. Die Honigbiene ist zwar auch eine Biene, sie ist aber bei uns nicht heimisch, sondern wird gezüchtet und als Haustier von Imkern gehalten. Es gibt verschiedene Honigbienenrassen, bei uns finden sich vor allem die Westliche Honigbiene und ihre Unterarten (Rassen). Alle heimischen „wilden" Bienenarten fallen unter den Begriff Wildbienen – zu ihnen gehören auch die Hummeln. Denn Hummeln sind ebenfalls Wildbienen.

WIE LEBEN WILDBIENEN?

Die meisten Wildbienen leben solitär (einzeln): Sie bilden keinen Insektenstaat. Wenn sie zwischen Februar/März und Juni/Juli aus ihren Brutzellen schlüpfen, paaren sich Männchen und Weibchen. Danach suchen die Weibchen nach geeigneten Nistplätzen – die meisten Wildbienen nisten im lockeren Erdboden, andere in steilen Lösswänden, hohlen Pflanzenstängeln oder Löchern in altem Holz. An diesen Nistplätzen baut das Weibchen mehrere Brutzellen, füllt sie mit Pollen und Nektar, belegt jede Zelle mit einem Ei und verschließt sie. In der Brutzelle schlüpft die Larve aus dem Ei, frisst den gesamten Vorrat auf und verpuppt sich zur fertigen Wildbiene, die im kommenden Jahr zur selben Zeit schlüpft wie die Elterntiere im Vorjahr.

Hummeln hingegen sind sozial: Sie bilden jedes Jahr einen neuen Hummelstaat. Dazu sucht die Jungkönigin im Frühjahr einen passenden Hohlraum, oft unterirdisch in einem verlassenen Mäusebau. Darin baut die Königin aus Wachs Zellen, in denen sich aus den abgelegten Eiern Arbeiterinnen entwickeln. Bis zum Spätsommer wächst der Hummelstaat auf bis zu 600 Hummeln an, dann gibt es auch Männchen und junge Königinnen. Diese verpaaren sich und während die Männchen im Lauf des Herbstes ebenso sterben wie der ganze Hummelstaat, suchen sich die begatteten Jungköniginnen einen sicheren Platz zum Überwintern.

WOZU SIND BIENEN WICHTIG?

Über 80 % unserer Nutzpflanzen und über 90 % der heimischen Pflanzen werden von Bienen bestäubt! Ohne Bienen gäbe es keine Früchte und keine Blumen, keine Sonnenblumen- oder Kürbiskerne, keine Mandeln, keine Margarine. Wildbienen, allen voran die dichtbehaarten Hummeln, sind wichtigere Blütenbestäuber als die Honigbiene:

Sie fliegen schon bei niedrigen Temperaturen, bei Regen und bei Wind. Und sie bestäuben die Blüten besser als Honigbienen, da sie beim Blütenbesuch mit ihrem Körper die gesamte Blütennarbe berühren.

WIE GEHT ES DEN BIENEN HEUTZUTAGE??

Wie allen Insekten geht es auch den Wildbienen schlecht. In den letzten 30 Jahren sind über 80 % der heimischen Insekten verschwunden – zu diesem erschreckenden Ergebnis kam der Entomologische Verein Krefeld in einer Studie. Vor allem der Einsatz von Pflanzenschutzmitteln wie Neonikotinoide, die Vernichtung von Brutplätzen durch die industrialisierte Landwirtschaft, der Verlust blühender Pflanzen und das ständige Aufräumen durch Mähen, Zurückschneiden (auch zum Winter hin) setzt den Insekten zu: Deutschland ist zu grün, es fehlen Wildblumen und Wildblütensträucher überall. Auch den Honigbienen setzt der Einsatz von Neonikotinoiden zu: Schon geringste Mengen dieses Insektizids blockieren die Reizweiterleitung im Nervensystem der Insekten und machen aus der Biene ein antriebsloses Wesen, das nichts mehr mitbekommt und nur noch verenden kann. Besonders tückisch ist die weitverbreitete Beizung von Saatgut mit diesem Gift.

WIE KANN MAN BIENEN FÖRDERN?

Da Bienen, wie alle Insekten, vor allem durch die industrialisierte Landwirtschaft leiden, können Sie ihnen durch die Bevorzugung heimischer Bio-Produkte sowie einen eingeschränkten Fleischkonsum helfen. Denn dort, wo biologisch angebaut wird, werden weniger Pflanzenschutzmittel verwendet und heimische Wildpflanzen haben größere Überlebenschancen. Zwei Drittel der heimischen

Maisernte geht für die Fleisch„produktion" drauf – Maisfelder machen nicht nur den Boden und unsere Heimatkulturlandschaft kaputt, dort gibt es auch nichts für Insekten zu holen (außer für den Maiszünsler ...). Haben Sie ein Grundstück, so räumen Sie unbedingt weniger auf, säen Sie heimische Wildblumen aus und pflanzen Sie heimische Wildsträucher, Apfel- und andere Obstbäume sowie Beerensträucher. Mähen Sie Ihren Rasen nur ein- oder zweimal im Jahr, lassen Sie alles Abgeblühte über den Winter stehen, sorgen Sie für offene, sandige Bodenstellen (zum Beispiel unter dem Dachtrauf), lassen Sie Totholz stehen und richten Sie viele Kleinstrukturen wie Trockenmauern, lockere Haufen mit Steinen, Ästen und Scheiten ein. Auch auf Balkon und Terrasse können Sie Gutes für Bienen tun:

» verschiedene Bienenblumen in Kästen, Kübeln und anderen Gefäßen säen und pflanzen, siehe Seite 24–29
» Wände und Mauern mit Efeu und anderen Klettergehölzen begrünen, siehe Seite 59
» auf Einsatz von Pflanzenschutzmitteln gänzlich verzichten, lieber auf Nützlinge setzen
» Nisthilfen für Mauerbienen und Löcherbienen bauen, siehe Seite 30–33

GEHÖRNTE MAUERBIENE *Osmia cornuta*

NAHRUNG	LEBENSWEISE
Pollen, Nektar div. Blüten	solitär
VORKOMMEN	**FLUGZEIT**
vor allem in Dorf und Stadt	Februar/März bis Mai

MERKMALE	
schwarz mit rostrotem Hinterleib, gehörntes Kopfschild, Männchen kleiner und zusätzlich mit weiß behaartem Gesicht	

NISTPLATZ	
Löcher in Mauern und Holz, 25 cm tief, Dm 8 mm	Nimmt Nisthilfen an. Als Baumaterial benutzt sie feuchte Erde.

ACKERHUMMEL *Bombus pascuorum*

NAHRUNG	LEBENSWEISE
Pollen, Nektar div. Blüten	nur Jungkönigin überwintert
VORKOMMEN	**FLUGZEIT**
häufig, weit verbreitet	März bis Oktober

MERKMALE	
gelbrot behaarter Rücken und Hinterleibsende, dunkelgrau behaarter Hinterleib	

NISTPLATZ	
Erdhöhlungen, auch zwischen dichten Pflanzen	Jungköniginnen fliegen ab März, bis zum Herbst hat ein Staat bis zu 150 Hummeln.

DUNKLE ERDHUMMEL *Bombus terrestris*

NAHRUNG	LEBENSWEISE
Pollen, Nektar div. Blüten	nur Jungkönigin überwintert
VORKOMMEN	**FLUGZEIT**
häufig, weit verbreitet	März bis Oktober

MERKMALE	
schwarz, auf Rücken und Hinterleib je ein gelber Streifen, weißes Hinterleibsende	

NISTPLATZ	
unterirdisch, vor allem in verlassenen Mäusebauten	Staat mit bis zu 600 Hummeln. Auf dem Balkon z. B. Klee anbieten.

HONIGBIENE *Apis mellifera*

NAHRUNG	LEBENSWEISE
Pollen, Nektar div. Blüten	Staat überwintert komplett
VORKOMMEN	**FLUGZEIT**
häufig, von Imkern gehalten	März bis September
MERKMALE	
braun, Hinterleib bräunlich gestreift, oft pollenbeladenes Körbchen an den Hinterbeinen sichtbar	
NISTPLATZ	Staat aus bis zu
Bienenstock	80.000 Bienen. Nur die Königin legt Eier.

ROSTROTE MAUERBIENE *Osmia bicornis*

NAHRUNG	LEBENSWEISE
Pollen, Nektar div. Blüten	solitär
VORKOMMEN	**FLUGZEIT**
häufig, weit verbreitet	März bis Juli
MERKMALE	
graubraun behaarte Brust, orangebraun behaarter Hinterleib	
NISTPLATZ	Viele verschiedene Hohl-
Löcher und Gänge in Holz oder Wänden, Dm 5–7 mm	räume zum Nisten. besucht auch Blüten von Eichen.

BLAUSCHWARZE HOLZBIENE
Xylocopa violacea

NAHRUNG	LEBENSWEISE
Pollen, Nektar div. Blüten	solitär
VORKOMMEN	**FLUGZEIT**
in warmen Gegenden	März bis Oktober
MERKMALE	
schwarz, schwarze Flügel mit blaumetallischem Glanz	
NISTPLATZ	Die Blauschwarze Holzbiene
sie nagt Gänge in trockenes, aber noch festes Holz	ist eine der größten heimischen Bienenarten.

FRÜHLINGS-PELZBIENE
Anthophora plumipes

NAHRUNG	LEBENSWEISE
Pollen, Nektar div. Blüten	solitär
VORKOMMEN	**FLUGZEIT**
häufig, weit verbreitet	März bis Juni
MERKMALE	
der Honigbiene ähnlich, rostrote Sammelbürste für Pollen an den Hinterbeinen, Männchen hell behaart	
NISTPLATZ	
nagt Gänge in Steilwände aus Lehm	Zur Förderung dieser Wildbiene die Gebäudewände mit Lehm verputzen.

MAI-LANGHORNBIENE
Eucera nigrescens

NAHRUNG	LEBENSWEISE
nur Schmetterlingsblütler	solitär
VORKOMMEN	**FLUGZEIT**
häufig, wo Zaunwicken stehen	April/Mai bis Juli
MERKMALE	
gelb behaarter Körper, Männchen mit körperlangen Fühlern	
NISTPLATZ	
sie gräbt Niströhren in die Erde	Pflanzen Sie Zaunwicken auf Balkon und Terrasse, sie säen sich selbst aus.

STEINHUMMEL *Bombus lapidarius*

NAHRUNG	LEBENSWEISE
Pollen, Nektar vieler Blüten	nur Jungkönigin überwintert
VORKOMMEN	**FLUGZEIT**
häufig, weit verbreitet	April bis Oktober
MERKMALE	
schwarz behaart, rotes Hinterleibsende	
NISTPLATZ	
Hohlräume von Mauern, Steinhaufen, Felsspalten	Jungkönigin nistet auch in Scheunen, Schuppen und sogar Vogelnistkästen.

BUNTE BLATTSCHNEIDERBIENE
Megachile versicolor

NAHRUNG	LEBENSWEISE
Nektar v. a. von Korbblütlern	solitär

VORKOMMEN	FLUGZEIT
häufig, weit verbreitet	Mai bis September

MERKMALE	
bräunlich behaart, vorne rote und hinten schwarze Behaarung auf dem Bauch (Bauchbürste)	

NISTPLATZ	
Löcher in Totholz, Pflanzen-stängeln (z. B. Brombeere)	Schneidet Stücke von z. B. Rosenblättern aus, kleidet damit die Niströhren aus.

GEWÖHNLICHE LÖCHERBIENE
Heriades truncorum

NAHRUNG	LEBENSWEISE
Nektar nur von Korbblütlern	solitär

VORKOMMEN	FLUGZEIT
häufig, weit verbreitet	Juni bis September

MERKMALE	
kleine, dunkle Biene mit rostroten Haaren am Bauch (Bauchbürste)	

NISTPLATZ	
Löcher in Totholz, Nisthilfe aus Hartholz, Dm 3–3,5 mm	Sehr klein, besucht nur Blüten von Korbblütlern, etwa Astern oder Ringelblumen.

GARTEN-WOLLBIENE
Anthidium manicatum

NAHRUNG	LEBENSWEISE
Nektar v. a. von Lippenblütlern	solitär

VORKOMMEN	FLUGZEIT
häufig, weit verbreitet	Juni bis September

MERKMALE	
gelb-schwarz gefärbt, weißlich behaart, gelb-schwarze Beine	

NISTPLATZ	
Hohlräume unter der Erde, Felsspalten und totem Holz	Legt ihre Brutzellen aus Pflanzenwolle an (etwa von Ziest oder Strohblumen).

BIENEN UND ANDERE INSEKTEN IN DER STADT

WORUNTER SIE LEIDEN

Insekten spielen eine ungemein wichtige Rolle in allen Ökosystemen der Erde, auch in den menschlichen Siedlungen: Ungefähr zwei Drittel aller Arten eines Ökosystems sind verschiedene Insekten. Insekten sind nicht nur die wichtigsten Bestäuber von einem Großteil der heutigen Blütenpflanzen (also Bäumen, Blumen, Kräutern), sondern gehören auch zu den Hauptakteuren beim Abbau von abgestorbenen Pflanzenteilen, wie Laub, toten Tierkörpern sowie Kot bis hin zu den lebenswichtigen Mineralien im Humus. Insekten sind zudem unersetzbare Nahrungstiere von unzähligen Tierarten, von fast allen Vögeln, Fledermäusen, Igeln, Spitzmäusen, Eidechsen, Kröten und auch vielen räuberischen Insekten, die sich gegenseitig im Zaum halten. Die Küken unserer Gartenvögel werden nur mit Insekten groß – ohne Insekten müssen sie verhungern!

INSEKTEN BRAUCHEN VIELFÄLTIGE LEBENSRÄUME MIT VIELEN HEIMISCHEN WILDPFLANZEN.

Da die Lebenssituation auf den landwirtschaftlichen Flächen, die immerhin über 50 % der deutschen Landesfläche ausmachen, für (fast) jegliche Tierart katastrophal ist, wandern immer mehr Insektenarten in die menschlichen Siedlungen. Dank wärmerem Klima, kleinräumigen Strukturen und oftmals recht großem Angebot an Nahrungspflanzen sind vor allem die gärtenreichen Stadtrandgebiete oft Inseln für Wildbienen und andere Insekten. Dort finden besonders die wenig spezialisierten Insekten noch genügend Nahrung, Nistplätze und Verstecke – doch auch in vielen

Gärten sieht es nicht rosig aus: Viel zu häufig werden exotische Sträucher und Blumen gepflanzt (von denen sich keine heimischen Insektenlarven ernähren), wird mit dem Rasenmäher alles abgemäht, was höher als ein paar Zentimeter ist, und im Aufräumwahn alles ordentlich abgeschnitten, was verwelkt ist. So ist auch in den Siedlungen die Umgebung viel zu grün, statt bunt: Insekten verbringen nur eine kurze Zeit als Erwachsene, die meiste Zeit ihres Lebens sind sie Larven – das gilt auch für die Bienen. Daher müssen wir ein besonderes Augenmerk auf die Insektenlarven werfen, wenn wir es ernst meinen mit dem Insektenschutz. Insektenlarven brauchen die richtigen Pflanzen, von denen sie sich ernähren und – noch wichtiger – sie brauchen genügend Zeit, um sich zu entwickeln. Genügend Zeit bedeutet: mindestens ein Jahr! In dieser Zeit dürfen die Pflanzen, zwischen denen sich die ruhenden Larven oder Puppen zu fertigen Insekten entwickeln, nicht entfernt werden – d. h. sie müssen über den Winter stehen bleiben.

Eine weitere Herausforderung für die nachtaktiven Insekten sind die Lichtquellen in den Siedlungen, die dank energiegünstiger LEDs ständig zunehmen – auch im Garten, auf Balkon und Terrasse. Dadurch ist die Nacht nicht mehr dunkel, so wie sie es seit Jahrmillionen auf der Erde war, sondern ist hell geworden. Nachtaktive Insekten fliegen zum Licht, sind gefangen im Lichtkegel oder verglühen darin. Daher ist es ganz wichtig, dass Sie konsequent darauf verzichten, Bäume, Büsche, Wände oder andere Gebäudeteile nachts aus optischen Gründen künstlich zu beleuchten. Setzen Sie nur dort Lichtquellen ein, wo sie aus Sicherheitsgründen notwendig sind – und auch nur dann, wenn das Licht dort gebraucht wird. Verzichten Sie auf solarbetriebene Lichter, die die ganze Nacht leuchten. Installieren Sie nur an sicherheitsrelevanten Stellen Leuchten, deren schmaler Lichtkegel nur dorthin leuchtet, wo das Licht gebraucht wird – und regulieren Sie das An und Aus über einen manuellen Schalter oder Bewegungsmelder. Verzichten Sie auf jegliche Leuchten, die rundherum die ganze Umgebung beleuchten oder auch nach oben strahlen. Wählen Sie als Leuchtmittel geschlossene „Full-Cut-Off"-LED-Leuchten mit warmem Weiß- oder Gelblicht und geringem Blauanteil. Das kommt zwar nicht speziell den Bienen zugute (die nachts ruhen), aber vielen anderen Insekten. Im Internet findet man auf den Seiten von „lichtverschmutzung.de" (› Straßenbeleuchtung) und „region-hannover.bund.net" (Artenschutz › Insekten › insektenfreundliche Außenbeleuchtung) Informationen zu dem Thema.

Um Wildbienen und Insekten einen guten Lebensraum im Siedlungsbereich zu bieten, sollten Sie auch auf Folgendes achten:

WAS SIE TUN KÖNNEN

» Vermeiden Sie Bodenversiegelungen, wo immer es Ihnen möglich ist.
» Bieten Sie den Insekten verlässliche Nahrungsressourcen an, indem Sie vor allem mehrjährige Pflanzen kultivieren, die stets am selben Platz wachsen – oder säen Sie jedes Jahr bienenfreundliche Blumen an denselben Stellen aus.
» Gestalten Sie entlang von Straßen und Gebäuden wildblumenreiche Streifen, die die Wildbienen und Insekten als sichere Wege nutzen können – sonst werden Straßen und Gebäude leicht zu Hindernissen.

Nach so vielen Herausforderungen nun die gute Nachricht: Sie können auf Balkon und Terrasse, im Hinterhof, vorm Haus und im Garten einiges tun, um Bienen und anderen Insekten zu helfen. Mehr dazu erfahren auf den folgenden Seiten.

SO KLAPPT
DAS ZUSAMMENLEBEN

Immer wieder hört man von der Befürchtung, dass mit Nisthilfen Wespen angelockt werden, die diese als Wohnraum annehmen. Das ist freilich nicht so. Darum zur Auffrischung ein bisschen Wespen-Biologie:

Vor allem ab dem späten Sommer werden Wespen lästig, wenn sie versuchen, auf Speisen zu landen, oder mit süßen Säften gefüllte Gläser umfliegen. Bei uns gibt es nur zwei Wespenarten, die dies tun: die Gemeine Wespe und die fast gleich aussehende Deutsche Wespe. Diese Wespen bilden genauso wie die Hummeln einen Staat, der von der überwinternden Jungkönigin im Frühjahr gegründet wird, über den Sommer auf über 10.000 Tiere anwächst und zum Winter abstirbt. Beide Wespenarten bauen ihr Nest aus selbstgemachtem Papier (Holzspäne + Speichel) stets und immer an versteckten Stellen, in unterirdischen Mäusebauen, im dichten Gestrüpp, auch auf dem Kompost. Sie kämen, ebenso wie die Hornissen, niemals auf die Idee, im Insektenhotel zu nisten.

Sicherlich werden ein paar andere Wespenarten die nektar- und pollenreichen Blüten von Fetthenne und anderen Bienenblumen besuchen – diese Wespenarten (z. B. Sächsische Wespe, Französische Wespe) sind zierlicher als die lästige Gemeine und Deutsche Wespe. Sie haben aber weder Interesse an Speisen oder Getränken noch an den Nisthilfen: Auch sie bilden einjährige Staaten, bauen ihr Nest aber gut sichtbar freihängend auf Dachböden, im Gartenhäuschen, auch unter Markisen. Dort werden sie oft zu Unrecht vernichtet, weil die Menschen nicht erkennen, dass diese Wespen harmlos sind. Nur sollte man sich ihrem Nest nicht mehr als zwei Meter nähern, denn sie verteidigen es.

Auch die rund 40 verschiedenen heimischen Hummelarten, die ebenfalls sozial in Hummelstaaten leben, nehmen keine Nisthilfen aus Bambusstäben oder Hartholzlöchern an – ihre Nester bauen sie in unter- und oberirdische Hohlräume. Von den anderen über 500 heimischen Wildbienenarten sind rund 150 Arten sogenannte Kuckucksbienen – also Bienen, die ihre Eier verschiedenen Wildbienen und Hummeln in deren Brutzellen oder Nester unterschieben. Von den nun rund 350 restlichen Wildbienenarten nistet der überwiegende Teil in sandigen Böden. Nur die Wildbienen, die in hohlen Pflanzenstängeln oder Holzlöchern nisten, interessieren sich für die Nisthilfen auf Balkon und Terrasse. Doch das Zusammenleben mit ihnen funktioniert problemlos, selbst wenn Sie sich ständig in der Nähe aufhalten oder speisen:

» Wildbienen können Sie aus direkter Nähe ausgiebig beobachten!
» Wildbienen greifen Sie nicht an, selbst wenn Sie die Niströhren in die Hand nehmen!

WILDBIENEN SIND DURCH UND DURCH FRIEDLICH!

GARTEN
PRAXIS

EIN KLEINER GARTEN
FÜR BIENEN

Für ein Bienen-* und Insektenparadies brauchen Sie keinen großen Garten, ein solches können Sie auch auf kleiner Fläche verwirklichen. Damit Ihnen das gelingt, müssen Sie die Bedürfnisse der Bienen und Insekten kennen:

1 Bienen mögen es warm. Reservieren Sie daher die sonnigsten, wärmsten Ecken für Bienenpflanzen (ab Seite 43) und Nisthilfe.
2 Bienen ernähren sich von Nektar und Pollen. Den finden sie nicht in hochgezüchteten Gartenpflanzen, die zwar wunderschön aussehen, aber sterile (unfruchtbare) Blüten haben. Finger weg davon! Pflanzen Sie daher am besten heimische Wildblumen an. Sie haben zwar oft weniger spektakuläre Blüten und Blätter, dafür werden sie von unzähligen Bienen und anderen Insekten besucht – das macht den Garten lebendig und bietet Ihnen zahlreiche Möglichkeiten für Beobachtungen.
3 Bienen nisten im lockeren Sand, in hohlen, abgestorbenen Pflanzenstängeln, in altem Holz

und auch in Nisthilfen (siehe Seite 30). All diese Nistmöglichkeiten können Sie im kleinen Garten anbieten – lockeren Sand zwischen den Steinplatten von Hof, Weg und Terrasse, abgestorbene Pflanzenstängel in wilden, unordentlichen Gartenecken (in denen die Pflanzen auch stehenbleiben dürfen, wenn sie verblüht sind), altes Holz durch den Erhalt von abgestorbenen Bäumen oder Sträuchern und Nisthilfen basteln Sie selbst.
4 Bienen brauchen wie alle Insekten genügend Zeit, um sich zu entwickeln. Erwachsene Bienen und andere Insekten sind nur eine kurze Zeit unterwegs, die allermeiste Zeit verbringen Insekten als Jugendstadien – Ei, Larve, Puppe, die sogar meist ruhen und nicht aktiv sind. In all den Wochen, in denen Sie keine Bienen beobachten können, sind die Bienen trotzdem da: Sie ruhen in einem Versteck, bis sie ihre Entwicklung abgeschlossen haben und im kommenden Jahr als ausgewachsenes Insekt für kurze Zeit erscheinen. Ich betone das so ausführlich, damit Ihnen klar wird: Wenn Sie im Garten ständig mähen (vielleicht sogar mit einem Mähroboter), ständig alles aufräumen – Verwelktes abschneiden, Verblühtes entfernen, Abgestorbenes beseitigen, Laub aufsaugen etc. –, beseitigen Sie jedes Mal viele Jugendstadien der Insekten. Diese können, da sie ruhen, noch nicht einmal davonfliegen oder wegspringen, sie sind auf Gedeih und Verderb Ihnen und Ihrem Tun ausgeliefert. Kein Wunder, dass dann in der Folge die meisten Insekten weg sind.

* Mit Bienen ist hier die Gesamtheit der Bienen gemeint:, also Wildbienen inklusive Hummeln plus Honigbienen.

WIE RICHTE ICH EINEN KLEINEN GARTEN FÜR BIENEN EIN?

Im kleinen Garten haben Sie oft mehr Gestaltungsmöglichkeiten als auf Terrasse oder Balkon. Zudem können Sie die Pflanzen direkt ins Erdreich setzen statt in Kästen und Kübel. Das ist günstig für die Pflanzen, denn diese können zum einen Wasser und Nährstoffe aus dem Erdreich entnehmen und sind dabei nicht so sehr auf Ihre Gaben angewiesen, zum anderen haben es die Wurzeln im Winter wärmer in der Erde und Sie müssen sich nicht so viele Gedanken um den Winterschutz machen.

BLÜHENDES …

… am Rand von Wegen und Sitzplatz: Mit einjährigen Sommerblumen machen Sie aus schmalen Randstreifen einen blühenden Bauerngarten für Bienen. Säen Sie dazu Anfang April Saatgut von einjährigen Sommerblumen (Ackerblumen wie Schnittlauch, Akelei (ungefüllte Sorten), Dill, Fuchsschwanz, Goldlack, Jungfer im Grünen, Kornblume, Kosmee, Levkoje, Löwenmäulchen, Mohn, Nachtkerze, Ringelblume, Sommeraster, Tagetes) aus.

Wer es sich einfach machen möchte und neugierig ist, was denn da so alles wächst im Garten, sät diese Bienenblumen aus: Fingerhut (Digitalis), Pfirsichblättrige Glockenblume (Campanula persicifolia, ungefüllte Sorten), dazu Boretsch, Rotblättriger Fenchel, Blaue Jakobsleiter, Karde (Dipsacus), Knautie, Kugeldistel, Stauden-Lein, Lichtnelke, Nachtkerze, Schafgarbe und Steppen-Salbei. Diese Pflanzen neigen dazu, sich selbst auszusäen – sie tauchen dann an den Stellen im Garten auf, an denen es ihnen zusagt. Nicht traurig sein, wenn manche dieser Bienenblumen gar nicht erscheinen oder nur für kurze Zeit; dann hat ihnen der Standort nicht gepasst – dafür machen sich die anderen umso mehr breit.

… auf dem Beet: Die schönsten Wildblumen mögen einen nährstoffarmen Boden aus Sand, Kies oder Schotter, den Sie unter den vorhandenen Boden untergefräst haben; auf einer Fläche von 1–2 Quadratmetern erschaffen Sie so ein Insektenparadies. Dazu wählen Sie ungefähr acht Pflanzen pro Quadratmeter aus dieser Auswahl: Adonisröschen, Färberkamille, Acker-Glockenblume, Hasenohr, Dorniger Hauhechel, Gewöhnlicher Hornklee, Kartäusernelke, Königskerze (Verbascum), Küchenschelle, Kopf-Lauch, Kronen-Lichtnelke (Silene coronaria), Wilder Majoran, Moschusmalve (Malva moschata), Natternkopf (Echium vulgare), Ochsenauge (Buphthalmum salicifolium), Pechnelke, Gelbe Resede, Rittersporn (Delphinium), Spornblume, Muskateller-Salbei, Steppen-Salbei, Traubenskabiose, Tüpfeljohanniskraut, Aufrechter Ziest, Heil-Ziest.

Lassen Sie Gemüsebeete unbedingt niemals unbewachsen da liegen. Säen Sie es stattdessen zwischen dem Anbau verschiedener Kulturen mit Gründüngern ein, das gelingt von März bis September mit Bienenfreund Phazelia, Rot- und Weiß-Klee, Wicken, Tübinger Mischung (für alle Böden außer trockenen Sandböden) oder Brandenburger Bienenweidegemisch (für leichte Böden). Über den Winter stehen lassen!

TIPP

Noch mehr Blühendes bekommen Sie in den kleinen Garten, wenn Sie Fugen zwischen Bodenplatten begrünen. Dafür eignen sich diese Blumen: Akelei, Römische Kamille (Chamaemelum nobile), Zimbelkraut (Cymbalaria muralis), Vogelknöterich (Polygonum aviculare), Gelber Lerchensporn (Pseudofumaria lutea), Mauerpfeffer (Sedum exangulare), Edel-Gamander (Teucrium chamaedrys), Thymian (Thymus, viele Sorten, duftend!), für feuchte Stellen Sternmoos (Mnium) sowie kleine Zwiebelpflanzen (Winterlinge, Krokus, Hasenglöckchen, Blaustern).

... auf dem Rasen: Im Herbst setzen Sie jede Menge Zwiebelblumen auf die Rasenfläche, die im Frühling zum Nahrungsparadies für Hummeln und Bienen wird. Besorgen Sie dazu Zwiebeln von Krokus (Crocus tommasinianus, C. vernum), Märzenbecher, Schneeglöckchen und Winterlinge. Damit die Blumen „natürlich" verteilt sind, wenden Sie beim Pflanzen einen Trick an: Nehmen Sie eine Handvoll Blumenzwiebeln und werfen Sie diese aus (senkrecht nach oben werfen oder breitflächig aus dem Handgelenk heraus verteilen); danach mit einer Pflanzhilfe 6–8 cm tief im Rasen versenken, wo sie hingefallen sind. Gemäht wird erst, wenn alle Blätter eingezogen sind!

KLEINBIOTOPE NICHT VERGESSEN

Neben den Bienenblumen und Nistplätzen sind viele kleine Strukturen als Kleinbiotope für Insekten ungemein wichtig, also hier ein Reisig-, Geäst- und Totholzhaufen oder Wurzelstock, dort ein Laubhaufen; am sonnigen Platz ein mindestens ein Quadratmeter großer Lesesteinhaufen, alte Dachziegeln oder Trocken-Natursteinmauer, an dessen Fuß verschiedene Kräuter wachsen, die Bienen, Schmetterlinge und andere Bestäuber anlocken. Denken Sie auch an Wassermulden oder sogar an einen Gartenteich.

TIPP

Im kleinen Garten gibt es oft nicht genügend Platz für verschiedene Kleinbiotope. Sprechen Sie sich doch mit Ihren Nachbarn ab: Eine Wildstrauchhecke kann als gemeinsamer „Gartenzaun" auf der Grenze gepflanzt, ein Gartenteich oder eine Blumenwiese auf beiden Grundstücken angelegt werden.

EIN BALKON FÜR BIENEN

Im Frühjahr, wenn der Hunger nach Grün und bunten Farben besonders groß ist, gibt es in Gartencentern und Blumenmärkten, in Bau- und Supermärkten ein enormes Angebot an Balkonblumen. Neben den klassischen Geranien und Petunien warten im üppig gelben, roten und violetten Blumenangebot auch viele neue Züchtungen auf die Balkonbesitzer. Leider sind die allermeisten dieser Balkonblumen nur fürs menschliche Auge gemacht – die Ursprungspflanzen dieser Züchtungen exotisch, die Blüten auf Opulenz und Farbenpracht gezüchtet – für Bienen, Schmetterlinge und andere Insekten sind sie völlig wertlos: kein Nektar, keine Pollen. Aus Insektensicht könnten Sie auch Kunstblumen in die Kästen pflanzen, vielleicht wäre das sogar nachhaltiger ... Wenn Sie wirklich für Bienen und andere heimische Insekten etwas Gutes tun wollen, genießen Sie die Farbenpracht der Balkonblumen beim Einkaufen und belassen Sie sie dort, wo sie angeboten werden (vielleicht mag ja eine dieser aufgeprotzten Blumenschönheiten mit, das verkraften die Bienen). Auf Ihrem Balkon pflanzen Sie vor allem heimische Wildblumen – und weil die Bienen ebenso Gewohnheitstiere sind wie wir Menschen, blühen bei Ihnen auf dem Balkon verlässlich jedes Jahr aufs Neue vom zeitigen Frühjahr bis in den Herbst hinein nektar- und pollenreiche Blumen.

Fast sämtliche in den Pflanzenkapiteln genannten Blumen können Sie auch auf dem Balkon pflanzen. Der Vorteil dieser Wildblumen liegt nicht nur für die Insekten klar auf der Hand, sondern auch für Sie: Viele blühen über lange Zeiträume, sind wenig oder ganz unempfindlich gegen Schädlinge und Krankheiten und kommen verlässlich jedes Jahr wieder, entweder weil sich die Samen der Blumen selbst aussäen oder weil sie mehrjährige Pflanzen (Stauden) sind.

WIE RICHTE ICH MEINEN BALKON FÜR BIENEN EIN?

Bienen mögen es warm: Darum tauchen sie verlässlich an Süd-, West- und auch auf Ostbalkonen auf, wenn sie dort nektar- und pollenreiche Blüten antreffen – noch besser auch gleich noch ausreichend Nisthilfen plus Trinkwasser und feuchte Erde: Dann kann es sogar sein, dass einzelne Mauerbienen Ihren Balkon – wenn sie bei Ihnen alle Pollen und allen Nektar für ihren Nachwuchs gesammelt haben – nur zur Nahrungssuche verlassen und dort alles Lebensnotwendige vorfinden. Das sind wunderbare Beobachtungsmöglichkeiten für Sie!

Nach Norden gerichtete Balkone sind für Bienen weniger attraktiv: Das liegt daran, dass dort mangels Sonnenschein weniger Blumen überhaupt aufblühen – dadurch ist das verlockende Nahrungsangebot für Bienen nur begrenzt. Funkien, Kapuzinerkresse oder Heidekraut gehören zu den verlässlicheren Blühern. Auch zum Nisten ist es den Bienen auf Nordbalkonen zu schattig und kühl.

Die meisten der klassischen Balkonblumen – Geranien, Petunien, Hortensien oder Fleißiges Lieschen – haben den Bienen und anderen blütenbesuchenden Insekten wenig oder nichts an Nektar und Pollen zu bieten. Auch auf Edelrosen, Azaleen, Rhododendron, Bambus und allen gefüllten Blüten werden Sie vergeblich nach Wildbienen, Schmetterlingen und Co. suchen: Dort ist der Tisch für die Bienen leer.

Während die solitär lebenden Wildbienen nur ein paar Wochen leben, brauchen die staatenbildenden Hummeln Nektar- und Pollennahrung von den ersten warmen Spätwintertagen bis weit in den Herbst hinein – zu Beginn und am Ende der Saison sind nämlich die Jungköniginnen unterwegs:

Im Herbst benötigen sie reichlich Nahrung, um den Winter ruhend zu überstehen, im Frühjahr dann, um ausreichend Kraft zur Nestsuche und zum Aufbau eines neuen Hummelstaats zu tanken. Das macht jede junge Hummelkönigin ganz allein und ohne Hilfe von Hummelarbeiterinnen. Auf einem bienenfreundlichen Balkon – und natürlich auch auf der Terrasse und im Garten – finden die Bienen daher immer nektar- und pollenreiche Blüten. Dort blüht stets etwas.

Auf dem Balkon ist der Platz oft recht begrenzt – am Balkongeländer hängen Kästen mit Bienenblumen, auch Ampeln und hängende Pflanzgefäße bieten sich an, ebenso auf dem Boden stehende Kübel und Töpfe. Wie Sie diese über den Winter bringen, erfahren Sie auf Seite 39.

BIENENBLUMEN VON FRÜHJAHR BIS ZUM HERBST

AB MÄRZ:

Im Topf oder Kübel bietet eine Weide reichlich Pollen (etwa eine als Hochstamm gezogene Hängeweide. Weiden sind sehr schnittverträglich und können leicht von Ihnen platzsparend gezogen werden). In Kästen blüht immer noch die nektarreiche Schneeheide (Erica carnea), auch die Blüten der häufigen weißen Schleifenblumen (Iberis sempervirens) enthalten Nektar und Pollen. Hübsch machen sich dazwischen Frühlings-Krokusse, blauer Zweiblättriger Blaustern (Scilla bifolia, Zwiebelblume – Zwiebeln im Herbst setzen), rosa Hyazinthen und gelbe Narzissen (Osterglocken).

AB APRIL:

Wenn Sie genügend Platz auf dem Balkon haben, sollten Sie auf einen Obstbaum nicht verzichten – vor allem Apfelbäume mit nektar- und pollenreichen Blüten gibt es als platzsparende Ballerina-

Trees, die reichlich blühen und Früchte bilden: Sie werden erstaunt sein, wie viele Äpfel Sie ernten werden. Als Unterpflanzung können Sie Kriechenden Günsel wählen, dessen Blüten bis in den August hinein Nektar bereitstellen. In den Kästen öffnen sich auch Tulpen und Traubenhyazinthen, Letztere mit ihrer blauen Farbe typische Bienenblumen.

AB MAI:

Im Mai explodiert die Blütenpracht: Besonders wertvoll für Bienen sind Phacelia (Bienenfreund), Esparsetten, verschiedene Klee-Arten, Berg-Flockenblumen und Akelei, dazu der duftende Rosmarin und Wiesen-Salbei. Prächtig macht sich ein Zierlauch im Topf. Glockenblumen, von denen es eine große Vielfalt gibt, nutzen den Bienen doppelt – sie bieten nicht nur Nahrung, sondern bei Schlechtwettereinbrüchen und Regenschauern als Unterschlupf ein schützendes Dach über dem Kopf.

Blau- und Goldregen sind für Kübel und Gefäße nicht geeignet, aber vielleicht rankt ja ein Blauregen aus Ihrem Garten an der Hauswand hoch zu Ihrem Balkon und schmückt ihn mit seinen opulenten Blütenständen. Beide Gehölze sind giftig, aber für Bienen attraktiv (unbedingt die Wuchskraft beachten, siehe Tipp Seite 32). Mögen Sie Sträucher auf dem Balkon und haben einen Quadratmeter Platz dafür (und der Balkon die nötige Tragkraft), so gehörten zu den Mai-Juni-Favoriten Himbeeren, die Hundsrose (Rosa canina, pollenreiche Blüten) und der Gewöhnliche Schneeball (Viburnum opulus – verzichten Sie unbedingt auf den nektar- und pollenlosen gefüllten Schneeball 'Roseum'!

AB JUNI:

Malven – Moschus-Malven, Wilde Malven und Bechermalven – sind toll im Kübel und für Bienen, vielleicht kombiniert mit blaublütiger Wegwarte, Natternkopf und Blauer Himmelsleiter oder Nachtkerzen in Gelb. Im Kasten blühen nun verschiedene

Storchschnabelgewächse (Geranium robertianum, G. pratense, G. oxonianum) – sie sind zwar mit den Geranien verwandt, besitzen aber nektar- und pollenreiche Blüten. Zu den heimischen Wildblumen, die im Juni blühen, gehören auch Kornblume, Wilde Möhre, Rainfarn, Purpur-Leinkraut, Färber-Wau und Knäuel-Glockenblumen, die sich gut im Kasten machen. Duft verströmen blühende Kräuter wie Schopf-Lavendel, Duftnessel, Thymian, Lavendel und Borretsch. Auch der Scharfe Mauerpfeffer (Sedum acre), eine beliebte Pflanze für begrünte Dächer, lockt Bienen mit Nektar und Pollen. Besonders hübsch blüht die filigrane Prachtkerze (Gaura lindheimeri).

AB JULI:

So langsam nimmt das Blütenangebot ab – umso wichtiger ist es, dass es auf Ihrem Balkon immer noch reichlich blüht: Purpur-Sonnenhut im Kübel etwa (ist zwar nicht heimisch, sondern eine Präriepflanze, dafür mit Nektar und Pollen im Angebot), oder Stockrosen, Königskerzen, Gelber Sonnenhut (Rudbeckia), Sonnenblumen, Schmuckkörbchen, Sonnenbraut, Mädchenauge, Strahlen-Astern und Echter Alant. Unter den Kräutern blühen nun der Wilde Majoran, Ysop und Tüpfel-Johanniskraut (sehr pollenreich), in flachen Schalen oder als Dachbegrünung Echte Hauswurz (Sempervivum tectorum). Wer Dahlien liebt, kann nun in den ungefüllten Sorten Bienen beim Pollensammeln beobachten.

AB AUGUST BIS OKTOBER/NOVEMBER:

Spät fliegende Bienen besuchen gern die strauchartig wachsende Bartblume (Caryopteris cladonensis), die ebenso wie Berg-, Glattblatt- und Raublatt-Astern bis weit in den Oktober hinein blühen. Sie sind ungemein wichtige Herbstblüher für Bienen und viele andere Insekten, die noch unterwegs sind. In Töpfen und Kästen öffnen sich nun auch die Blüten der Hohen Fetthenne (Sedum telephium) und der Besenheide (Calluna vulgaris).

Wer Glück hat, bei dem rankt Efeu – eine der ökologisch wertvollsten heimischen Pflanzen, der leider immer noch ganz zu Unrecht einen schlechten Ruf hat und im großen Maßstab entfernt wird.

ZU BEACHTEN

Für den Balkon gelten dieselben rechtlichen Dinge wie für die Terrasse (siehe Seite 28 ff.). Darum hier das Wichtigste in Kurzform:

» Bringen Sie Kästen besser an der Innenseite des Balkongeländers an als auf der Außenseite – so reduzieren Sie die Gefahr, dass Balkonkästen bei starkem Wind abstürzen. Es versteht sich von selbst, dass Sie alle Kästen und Pflanzgefäße sorgfältig befestigen und dass Sie diese Befestigungen auch immer wieder kontrollieren.
» Prüfen Sie, ob Ihr Balkon für das Gewicht großer Pflanzgefäße ausgelegt ist.
» Sorgen Sie dafür, dass weder tropfendes Gießwasser noch kletternde Pflanzen zum Ärgernis werden.

EIN FENSTERBRETT FÜR BIENEN

Vor allem in Altbauwohnungen gibt es noch Fensterbretter vor den Fenstern. Möchten Sie dort niedrig wachsende Blumen in Kästen oder Töpfen platzieren, so braucht dies Ihre besondere Aufmerksamkeit: Sichern Sie die Töpfe und Kästen so sorgfältig, dass sie selbst bei den stärksten Winden nicht herunterfallen können. Um diese Pflanzgefäße gegen Absturz zu sichern, sind im Handel verschiedene spezielle Halterungen für Blumenkästen und Blumentöpfe erhältlich. Es gibt auch solche, die Sie nicht durch Bohren anbringen müssen, sondern am Fensterrahmen oder durch Verspannen befestigen. Bevor Sie Letztere verwenden, müssen Sie sich erkundigen, ob die Fassade gedämmt ist – beim Verspannen kann nämlich die Dämmung Schaden annehmen.

Erkundigen Sie sich vorab, ob Sie auf Ihre Fensterbänke überhaupt Blumenkästen stellen dürfen – die Nutzung der Fensterbretter stellt nämlich rechtlich eine Sondernutzung dar und ist nicht selbstverständlich. Wohnen Sie in einer gemieteten Wohnung, so gehört der Außenbereich Ihrer Wohnung nicht dazu.

KEINE SONNIGE FENSTERBANK IST ZU KLEIN, ALS DASS ES NICHT DARAUF EIN PLÄTZCHEN FÜR BIENENBLUMEN GÄBE.

TIPP

Haben Sie schräge Fensterbretter, so wählen Sie einfach eine spezielle Halterung dafür – sie gleicht die Schräge aus, sodass Ihre Pflanzgefäße eben stehen und das Gießwasser nicht herauslaufen kann.

Wenn Ihnen die Nutzung erlaubt ist, sorgen Sie ganz besonders bei die Verwendung von Balkonkästen ohne Überlauf und Übertöpfe dafür, dass das Gießwasser nicht auf die darunterliegende Fensterbank oder die Fassade tropfen kann.

Für die Bepflanzung mit Bienenblumen wählen Sie aus den in den Pflanzenporträts vorgestellten Arten (siehe ab Seite 43) vor allen Dingen solche, die niedrig bleiben – dann fällt trotz Blumen immer noch genügend Licht ins Zimmer. Besonders attraktiv machen sich blühende Kräuter wie Rosmarin, Ysop, Thymian, Schnittlauch und Majoran auf dem Außen-Fensterbrett, die Sie gleichzeitig auch zum Würzen Ihrer Speisen nutzen können.

TIPP

Bezüglich der Himmelsrichtungen gilt dasselbe wie auf dem Balkon (siehe Seite 20): Ost-, Süd- und Westfenster sind top, Nordfenster schwierig: Pflanzen Sie dort Funkien, Heidegewächse und Kapuzinerkresse. Auch Glockenblumen können dort reichlich blühen.

WIE RICHTE ICH MEIN FENSTERBRETT FÜR BIENEN EIN?

Bienen unterscheiden bei ihrem Besuch nicht, ob die Blüten im Garten auf einem Beet oder auf Terrasse, Balkon oder Fensterbank in einem Gefäß blühen. Daher gelten für Bienenblumen auf der Fensterbank dieselben Anforderungen wie für die im Garten, auf Terrasse oder Balkon:

» Bienen mögen es warm: Blüten auf sonnigen Fensterbänken werden besser besucht als solche auf schattigen. Südfenster sind daher die besten für Bienenblumen, erfordern aber auch mehr Aufmerksamkeit bei der Pflege, vor allem beim Gießen. In heißen Perioden kann es dann durchaus erforderlich sein, dass Sie morgens und abends die Kästen wässern.
» Damit Sie noch aus dem Fenster gucken können und auch genügend Sonnenlicht ins Zimmer scheint, wählen Sie bevorzugt eher niedrige Blumen.
» Gute Bienenblumen bieten reichlich Pollen und Nektar an – während diese bei den gezüchteten, gefüllten Balkonblumen Mangelware sind, finden Insekten in den Blüten der heimischen Wildblumen und in ungefüllten Formen genügend Nahrung.
» Super ist es, wenn in Ihrem Balkonkasten oder in Ihren Töpfen auf der Fensterbank immer etwas blüht – vom zeitigen Frühjahr bis weit in den Herbst hinein. Ein Vorschlag:

Schon im Herbst haben Sie Zwiebelblumen in die Kästen und Töpfe gepflanzt, nun blühen im zeitigen Frühjahr vor Ihrem Fenster Frühlings-Krokusse, Traubenhyazinthen, Zweiblättriger Blaustern und Hyazinthen. Hübsch macht sich dazu eine Stinkende oder Schwarze Nieswurz (Helleborus foetidus, H. niger) mit hübschen hellgrünen bis zartrosaweißen Blüten von Dezember bis März.

Ab März/April säen Sie dann rund um die so langsam verblühenden Zwiebelblumen einjährige Sommerblumen aus einer Samenmischung für Bienen, Schmetterlinge und andere Insekten (dabei die Anweisungen auf den Saatguttütchen beachten). Diese blühen den Sommer über und gehen zum Herbst hin mit der Bildung von Samen zugrunde: Damit haben Sie schon eine tolle Basis gelegt für das kommende Jahr: Die Zwiebelblumen erscheinen wieder und auch die Sommerblumen keimen aus den selbst gesäten Samen neu aus. Ein bisschen nachsäen von frischem Saatgut aus einer Bienensamenmischung sollten Sie dennoch.

Wenn Sie weniger auf einjährige Sommerblumen, sondern mehr auf Dauerhaftes setzen möchten, so pflanzen Sie im Frühjahr jede Menge Kräuter aus der Auswahl ab Seite 43 in die Pflanzgefäße. Der Vorteil: Sie können auch für die Küche ernten.

BEPFLANZTE BALKONKÄSTEN

SONNIGER BALKONKASTEN

Im Sommer blühen diese Stauden: Mehliger Salbei *(Salvia farinacea)*, Johanniskraut *(Hypericum polyphyllum)*, Felsennelke *(Petrorhagia saxifraga)*, Teppichsedum *(Sedum spurium)*, Kriechende Gold-Fetthenne *(Sedum floriferum 'Weihenstephaner Gold')*.

Im Herbst setzen Sie zwischen die Balkonblumen verschiedene Zwiebelblumen, die im Frühjahr aufblühen und ebenfalls den Insekten Nahrung spenden. **Dazu eignen sich:** Seerosentulpen *(Tulipa kaufmanniana)*, Weinbergtulpen *(Tulipa sylvestris)*, Zwerg-Stern-Tulpen *(Tulipa tarda)*, Traubenhyazinthen *(Muscari-Arten)* und Wald-Vergissmeinnicht *(Myosotis sylvestris)*.

HALB- BIS SCHATTIGER KASTEN

Im Sommer blühen diese Stauden im Balkonkasten: Glockenblume *(Campanula-Arten)*, Akelei *(Aquilegia vulgaris)*, Storchschnabel *(Geranium robertianum, G. pratense, G. oxonianum)* und Frauenmantel *(Alchemilla alpina)*. Im April/Mai stecken Sie die großen Samen von Kapuzinerkresse *(Tropaeolum majus)* zwischen die Blumen, die noch im selben Jahr blühen.

Zwischen diese Stauden setzen Sie im Herbst verschiedene insektenfreundliche Blumenzwiebeln, die **im Frühjahr** blühen: Schneeglöckchen *(Galanthus nivalis)*, Schachbrettblume *(Fritillaria meleagris)* und Krokus *(Crocus flavus, C. tommasinianus)*.

KASTEN MIT HEIDECHARAKTER

In diesem Kasten blühen **vom Sommer bis zum kommenden Frühling** diese bienenfreundlichen Stauden: Immergrüner Gamander *(Teucrium x lucidrys)*, Echter Ehrenpreis *(Veronica officinalis)*, Sand-Thymian *(Thymus serpyllum)*, Besenheide *(Calluna vulgaris)* und/oder **Schneeheide** *(Erica carnea)*.

Im Herbst setzen Sie Zwiebeln von Dichter-Narzisse *(Narcissus poeticus)*, Wilder Narzisse *(Narcissus pseudonarcissus lobularis)* und Weinberg-Tulpen *(Tulipa sylvestris)* so tief in die Blumenerde wie die Zwiebel hoch ist (das spitze Ende weist dabei nach oben, der flache Zwiebelboden nach unten).

KRÄUTERKASTEN

Auf dem sonnigen Balkon fühlen sich verschiedene mediterrane Kräuter besonders wohl, denn in der Wärme der Sonne bilden diese Kräuter besonders reichlich duftende ätherische Öle – auch die Bienen finden sich am liebsten dort ein, wo es sonnig-warm ist.

Diese Kräuter blühen **von Sommer bis in den Herbst hinein:** Lavendel, Rosmarin, Salbei, Oregano und Thymian.

Wenn Sie es noch bunter mögen, eignen sich diese **einjährigen Kräuter zum Dazusäen** oder im Extrakasten (Angaben auf den Samentütchen beachten): Basilikum, Dill, Koriander, Ringelblumen und Sommer-Bohnenkraut.

BEPFLANZTE KÜBEL

HEIMISCHE WILDROSE

Im Sommer bezaubern heimische Wildrosen nicht nur durch schöne, duftende Blüten, sie locken auch dank der einfachen Blüten viele Bienen und andere Insekten an. Für den Kübel im Balkon eignen sich: Hunds-Rose *(Rosa canina)*, Apfel-Rose *(Rosa villosa)*, Essig-Rose *(Rosa gallica)* sowie die historische **Damaszener Rose** *(Rosa damascena)*. Jährlicher Rückschnitt, wenn die Forsythien blühen.

Die passende Unterpflanzung blüht **vom Frühjahr bis in den Herbst hinein:** Akelei, Astern, Berg-Minze, Färberkamille, Gold-Felberich, Fingerhut, Frauenmantel, Glockenblumen, Katzenminze, Sommer-Phlox, Rittersporn, Salbei, Schafgarbe, Storchschnabel und Taglilien.

HOHE WILDBLUMEN

Diese hohen Wildblumen machen sich gut im Kübel und blühen **von Mai bis Oktober**, sie mögen vor allem sonnige Plätze, an denen sich auch viele Bienen tummeln.

Für den eher trockenen, mageren Boden geeignet (reichlich Sand unter die Blumenerde mischen): Stockrose, Königskerze (blühen als zweijährige Pflanzen erst im 2. Jahr, bilden im 1. Jahr nur eine Rosette aus Blättern), Diptam, Kugeldistel, Moschus-Malve, Türken-Mohn, Echte Goldrute, Natternkopf.

Für den eher feuchten, nährstoffreicheren Boden geeignet: Blut-Weiderich, Engelwurz, Raublatt-Aster, Mädesüß, Echter Baldrian.

HOCHSTÄMMCHEN-WEIDE

Im zeitigen Frühjahr blühen die weichen Kätzchen-blüten der **Weiden** (Salix) und bieten gerade den früh fliegenden Hummeln, Wild- und Honigbienen reichlich wertvolle Pollennahrung. Weiden werden meist riesige Büsche, aber von einigen Weiden werden im Gartencenter auch Hochstämmchen an-geboten. Diese gedeihen wunderbar im Kübel – und weil sie so schnittverträglich sind, können Sie sie regelmäßig wie gewünscht zurückschneiden.

Tipp: Eine abgeschnittene Rute in den Boden stecken und zum Hochstämmchen erziehen.

Als Unterpflanzung passen: Katzenminze, Lavendel oder Heide-Nelken (Dianthus deltoides).

HOHE BIENENSTAUDEN

Auch auf weniger sonnigen Balkonen und Terrassen finden Bienen ab April/Mai Nahrung in den Blüten folgender Blumen im Kübel.

Für den halbschattigen Platz: **Roter Fingerhut** (Digitalis purpurea), **Echter Alant** (Inula helenium), **Himmelsleiter** (Polemonium caeruleum), **Pfingstrose** (Paeonia officinalis), **Hoher Phlox** (Phlox-Arten), **Weinraute** (Ruta graveolens), Junkerlilie (Asphodeline lutea), **Nachtkerze** (Oenothera biennis).

Für den halbschattigen Platz in feuchter Blumenerde: **Wasserdost** (Eupatorium cannabinum), **Mädesüß** (Filipendula ulmaria), **Schlangen-Wiesenknöterich** (Bistorta officinalis), **Beinwell** (Symphytum officinale).

WILDBIENEN-BAMBUSNEST

Aus Bambusstäben lässt sich ganz einfach und rasch eine Nisthilfe für Wildbienen bauen, die garantiert angenommen wird!

TIPP

Schon ab Februar können Sie diese Nisthilfen an verschiedenen, möglichst sonnigen Stellen anbringen. An den mit Erde verschlossenen Öffnungen erkennen Sie, welche Bambusröhren besetzt sind. Belassen Sie die Niströhren mindestens so lange draußen, bis die letzten Öffnungen wieder freigelegt sind – daran erkennen Sie, dass daraus die Wildbienen geschlüpft sind.

SO GEHT'S

1 Sägen Sie die Bambusstäbe (Innendurchmesser 3–9 mm, nicht größer!) mit einer scharfen Säge auf etwa 13–15 cm Länge zu. Nutzen Sie die natürlichen Knoten der Bambusstäbe als Abschluss der einzelnen Stäbe. Die Schnittstellen müssen ganz glatt und ohne Risse sein, deshalb die Säge und keine Gartenschere, die den Stab quetscht und Risse und Splitter verursacht.

2 Säubern Sie nun das Innere der Bambusstäbe sorgfältig zunächst mit der Rundbürste, dann mit Pfeifenputzern. Es ist wichtig, dass sowohl der Rand als auch das Innere vollkommen glatt sind. Wildbienen bewegen sich in den Röhren sowohl vorwärts als auch rückwärts. An Unebenheiten, Rissen und Splittern würden sie sich ihre zarten, ungeschützten Flügel kaputt machen.

3 Schließlich glätten Sie noch die Öffnungen mit Schleifpapier. Schleifen Sie dazu den Rand ab. Wenn Sie das Schleifpapier aufrollen, können Sie auch die Innenseite der Öffnung glätten.

4 Ist der Bambusstab beidseitig offen, verschließen Sie eine Seite mit einem kleinen Wattepfropfen, den Sie mit darauf getropftem Wachs fixieren. Fast alle Wildbienen, die Bambusstäbe als Nisthilfe annehmen, nutzen nur solche Röhren, die hinten geschlossen sind. Dennoch tragen sie meist zunächst feuchte Erde in die Röhre und bauen hinten eine zusätzliche Querwand.

5 Binden Sie 10–20 Röhren mit verschiedenen Durchmessern zu einem Bündel zusammen. Sie können sie auch in eine saubere Dose kleben. Verwenden Sie aber lösungsmittelfreien Kleber.

WILDBIENENPENSION

Hartes, trockenes Laubholz von Obstgehölzen oder vom Treppenbauer
eignet sich perfekt für eine Nisthilfe für Wildbienen.

MATERIAL & WERKZEUG

» Hartholzstücke mit 10–15 cm Tiefe (kein weiches,
  harzreiches Nadelholz)
» Holzbrett
» Wasserfester Holzleim
» 2 Ösenschrauben
» Draht oder Kordel
» Holzbohrer (3–9 mm)
» Säge
» Verschieden dicke Rundbürsten, z. B. zum
  Putzen von einem Luftgewehrlauf aus dem
  Armeeshop
» Pfeifenputzer
» Schleifpapier, feine Körnung

TIPP

Die Seitenteile von Holzregalen (z. B. vom Ivar-
Regalsystem von Ikea) eignen sich ebenfalls als
Nisthilfe, denn verschiedene Wildbienen legen
ihre Brutzellen in den Bohrlöchern an. Putzen
Sie die Löcher und Ränder genauso sorgfältig wie
bei der selbstgebauten Wildbienenpension. Der
Vorteil: An die Querstreben können Sie kleine
Ampeln mit Bienenblumen hängen oder auch das
Seitenteil mit Kletterpflanzen beranken lassen.

1 Sägen Sie das obere Ende des Holzstückes schräg ab, um später darauf das Holzbrett als schützendes Dach zu befestigen. Bohren Sie nun mit einem möglichst neuen Satz von Bohrern bohrertiefe Sacklöcher mit verschiedenen Durchmessern (3–9 mm) in das Holz. Wichtig ist, dass die Löcher blind enden! Achten Sie beim Bohren darauf, dass die Löcher ganz glatt sind und nicht ausgefranst – wenn in die Bohrlöcher Splitter hineinragen oder sie gerissen sind, können sich die Wildbienen beim Vorwärts- und Rückwärtskrabbeln darin verletzen. Darum ist es auch wichtig, dass Sie neue, scharfe Bohrer verwenden. Wechseln Sie häufiger die Bohrer, damit sie nicht zu heiß werden. Lassen Sie zwischen den einzelnen Bohrlöchern ungefähr einen Abstand von 1 cm.

2 Säubern Sie nun das Innere der Bohrlöcher sorgfältig zunächst mit der Rundbürste, dann mit Pfeifenputzer. Es ist wichtig, dass sowohl der Rand als auch das Innere vollkommen glatt sind. Klopfen Sie dann das Holzmehl aus den Löchern.

3 Schließlich glätten Sie noch die Öffnungen mit Schleifpapier. Schleifen Sie dazu den Rand ab. Danach rollen Sie das Schleifpapier auf, um auch die Innenseiten der Löcher zu glätten.

4 Kleben Sie nun das Holzbrett als Dach auf die Schrägung und sägen Sie hinten und an den Seiten das überstehende Brett ab. Vorne sollte das Dach ein paar Zentimeter herausragen. Drehen Sie an den Seiten die beiden Ösenschrauben ein und befestigen zum Aufhängen den Draht daran.

BIENENTRÄNKE

Auch Wildbienen brauchen Wasser zum Trinken. Ihren Durst löschen sie an der kleinen Tränke.

SO GEHT'S

1 Moose finden Sie vor allem in den Wäldern. Dort bedecken sie an schattigen Stellen den Boden. Sie halten wie ein Schwamm das Regenwasser über lange Zeiträume fest und sind daher wichtige Wasserspeicher im Wald. Sammeln Sie dort eine Handvoll Moos. Sie können auch in einer örtlichen Gärtnerei oder im Gartencenter Moos besorgen.

2 Legen Sie das Moos eine Weile in Wasser, damit es sich schön vollsaugt.

3 Dann geben Sie das Moos in die flache Schale und bieten es an einem schattigen Platz als Tränke an. Bienen landen zum Trinken auf dem Moos – das können Sie schön beobachten.

4 Besprühen Sie das Moos regelmäßig mit Wasser aus der Sprühflasche, denn durch Verdunstung trocknet es leicht aus.

TIPP

Mauerbienen und andere Wildbienen bauen ihre Brutzellen aus feuchter Erde. Damit die Wildbienen nicht so weit fliegen müssen, um Erde zu sammeln, bieten Sie von März bis Juli feuchte lehmige Erde (keinen Sand!) in einer kleinen Schale neben der Nisthilfe an.

HUMMEL-SNACK

Einer Hummelkönigin, die im Frühling bei einem Kälteeinbruch in Not geraten ist, können Sie zur Stärkung einen kleinen süßen Snack anbieten.

ZUTATEN

- » 2 EL Fruchtzucker (KEIN GELIERZUCKER!)
- » 1 EL Zucker
- » flache Schale oder Plastikbaustein
- » 2 EL Puderzucker
- » 1 TL Honig

SO GEHT'S

1 Mischen Sie 2 Esslöffel Fruchtzucker (Fruktose, Fructose – KEIN GELIERZUCKER!) plus 1 Esslöffel Zucker mit 3 Teelöffel Wasser. Achten Sie darauf, dass der Zucker vollständig gelöst ist. Dann geben Sie die Zuckerlösung auf eine flache Schale oder in die Hohlräume eines Plastikbausteins aus der Spielzeugkiste.

2 Kneten Sie 2 Esslöffel Puderzucker mit 1 Teelöffel Honig zu einem Teig. Das dauert eine Weile, denn er darf nicht mehr klebrig sein. Formen Sie daraus eine Kugel, die Sie den Hummeln anbieten können.

FRÜHLING
CHECKLISTE

MÄRZ

» gekaufte Frühblüher in Balkonkästen, -töpfe und in die Beete pflanzen
» blühende Krokusse, Traubenhyazinthen und andere Frühjahrsblüher besorgen (wichtige Nahrung für Hummeln)
» Winterabdeckungen von Kübelpflanzen, die draußen überwintert haben, entfernen; Abdeckungen noch bereithalten für mögliche frostige Tage und Nächte
» an frostfreien Tagen so viel gießen, wie das Erdreich leicht aufnehmen kann
» wenn nötig, Pflanzen nun in größere Töpfe umtopfen; dabei können zu große Pflanzen geteilt werden (siehe Seite 40)
» Nisthilfen für Bienen aufstellen
» Bienenblumen auf der Fensterbank vorziehen (aussäen)
» Kübelpflanzen im Winterquartier auf Schädlinge und Krankheiten kontrollieren, etwas wärmer stellen

APRIL

» immer noch Bienenblumen auf der Fensterbank vorziehen (aussäen)
» Wildblumen im Freien aussäen
» an warmen, bewölkten Tagen können die weniger empfindlichen Kübelpflanzen ins Freie
» in frostigen Nächten Pflanzen auf Balkon und Terrasse abdecken
» je nach Bedarf gießen

MAI

» Wildblumen kaufen und in Gefäße pflanzen
» die vorgezogenen Blumen dürfen ins Freie
» ab Mitte Mai können auch empfindlichere Kübelpflanzen ins Freie
» in frostigen Nächten (Spätfrost) Pflanzen auf Balkon und Terrasse abdecken (z. B. mit Fichtenzweigen)
» je nach Bedarf gießen

TIPP

So pflanzen Sie richtig: Füllen Sie groben Kies als Drainage zuunterst in Kasten oder Kübel, darauf füllen Sie Blumenerde, in die Sie die Pflanzen setzen (Wurzelballen gut andrücken, Substrat nachfüllen, Wurzeln gründlich gießen).

SOMMER CHECKLISTE

JUNI

- » regelmäßig gießen
- » Balkonblumen und Kübelpflanzen düngen
- » Bienenblumen nachkaufen
- » Kletterpflanzen an Stützstäben oder Rankgerüst mit Achterschleife anbinden
- » auf Schädlinge und Krankheiten achten
- » bei Bedarf automatisches Bewässerungssystem installieren und testen

JULI

- » regelmäßig gießen
- » Balkonblumen und Kübelpflanzen bei Bedarf nochmals düngen
- » Kletterpflanzen und hochwachsende Pflanzen an Stützstäben oder Rankgerüst mit Achterschleife anbinden
- » auf Schädlinge und Krankheiten achten
- » Pflanzen vor extremem Wetter schützen: Sonnenschutz bei Hitze, Folienschutz bei Dauerregen

AUGUST

- » regelmäßig gießen
- » Balkonblumen und Kübelpflanzen bei Bedarf Anfang August das letzte Mal für dieses Jahr düngen
- » Kletterpflanzen und hochwachsende Pflanzen an Stützstäben oder Rankgerüst mit Achterschleife anbinden
- » auf Schädlinge und Krankheiten achten
- » Pflanzen vor extremem Wetter schützen: Sonnenschutz bei Hitze, Folienschutz bei Dauerregen
- » Blumensamen sammeln

TIPP

Kümmern Sie sich rechtzeitig darum, wie Ihre Pflanzen während der Urlaubszeit versorgt werden – entweder mit einem automatischen Bewässerungssystem oder von freundlichen Menschen, die regelmäßig vorbeikommen!

HERBST CHECKLISTE

SEPTEMBER

» weiterhin regelmäßig gießen
» Pflanzen für den Herbst kaufen
» Krokusse, Traubenhyazinthen und andere Zwiebelblumen fürs Frühjahr setzen
» auf erste Frostmeldungen achten, vor frostigen Nächten Pflanzen abdecken
» Blumensamen sammeln

OKTOBER

» weiterhin regelmäßig gießen
» weiterhin Krokusse, Traubenhyazinthen und andere Zwiebelblumen fürs Frühjahr setzen
» Balkon und Terrasse winterfest machen: Pflanzen, die draußen überwintern können, an die Hauswand rücken, die Pflanzgefäße auf Styropor oder dicke Lagen Zeitungspapier stellen, Pflanze und Gefäß locker mit Schilfrohr- oder Kokosmatten, Jutefleece, Noppenfolie oder Sackleinen umhüllen
» empfindliche Kübelpflanzen an einen kühlen Platz ins Haus bringen

NOVEMBER

» Pflanzen im Winterquartier auf Schädlinge und Krankheiten kontrollieren
» Frostschutz draußen kontrollieren
» immergrüne Pflanzen an frostfreien Tagen gießen
» Balkonkästen mit Fichtenzweigen abdecken

WINTERSCHUTZREGELN

1 Alle Kübelpflanzen, die aus warmen Gebieten stammen, müssen nun an einen hellen, kühlen Platz ins Haus (z.B. zugluftfreies Treppenhaus oder unbeheizter Wintergarten); diese Pflanzen dürfen erst nach den Eisheiligen Mitte Mai wieder ins Freie.
2 Viele aus dem Mittelmeerraum stammende Pflanzen wie Olive, Rosmarin, Lavendel sowie Rosen, Beerensträucher und andere Obstgehölze vertragen leichten Frost. In winterwarmen Gebieten (Weinbauklima) dürfen sie mit Winterschutz draußen bleiben; im Bergland und in strengen Wintern kommen auch sie ins Winterquartier.

WINTER CHECKLISTE

DEZEMBER UND JANUAR

» Pflanzen im Winterquartier auf Schädlinge und Krankheiten kontrollieren
» Frostschutz draußen kontrollieren
» immergrüne Pflanzen an frostfreien Tagen gießen
» in Katalogen, Gartenzeitschriften und Büchern alles über Bienen und Bienenblumen schmökern

FEBRUAR

» Pflanzen im Winterquartier auf Schädlinge und Krankheiten kontrollieren
» Frostschutz draußen kontrollieren
» immergrüne Pflanzen an frostfreien Tagen gießen
» in Katalogen, Gartenzeitschriften und Büchern alles über Bienen und Bienenblumen schmökern
» Samen von Bienenblumen kaufen und auf der Fensterbank vorziehen (aussäen)

UMTOPFEN UND VERMEHREN

Pflanzen wachsen, auch die in Töpfen, Kübeln und Gefäßen. Da mit der größer werdenden Pflanze auch die Wurzeln wachsen, wird jedes Pflanzgefäß irgendwann einmal zu klein. Dann muss umgetopft werden, aber am besten bevor die Wurzeln aus den Abzugslöchern herauswachsen oder den Erdballen nach oben aus dem Topf drücken.

RICHTIG UMTOPFEN

Die günstigste Jahreszeit fürs Umtopfen ist das Frühjahr vor dem Beginn der Wachstumsphase, also die Zeit zwischen März und Anfang Mai. Dann hat das Wurzelwachstum noch nicht richtig begonnen. Die meisten schnell wachsenden Pflanzen werden alle ein bis zwei Jahre, die langsam wachsenden alle drei bis vier Jahre umgetopft.

Der neue Topf sollte einen etwa 2–3 cm größeren Durchmesser haben als der alte. Als Substrat eignet sich die im Handel erhältliche Blumenerde, kaufen

Sie sie am besten im Gartencenter – billige Blumenerde aus Supermärkten kann Torf, Unkrautsamen, Krankheitserreger oder Schädlinge enthalten.

Vor dem Umtopfen wird die Pflanze gründlich gewässert – so verletzen Sie keine Wurzeln. Nehmen Sie den Wurzelballen vorsichtig aus dem Topf, evtl. mit ganz leicht drehenden Bewegungen. Nicht durchwurzelte Erde wird entfernt, ebenso faulende oder abgestorbene Wurzelteile.

Legen Sie eine Tonscherbe über das Wasserabzugsloch am Boden des neuen Topfes – so kann überschüssiges Gießwasser in den Untersetzer ablaufen, ohne dass dabei das Substrat aus dem Topf fällt.

Füllen Sie das Substrat in den Topf und buddeln in der Mitte eine Kuhle, in die Sie den Wurzelballen mittig hineinsetzen. Die Pflanze muss im neuen Topf genauso weit aus der Erde schauen wie vorher.

Füllen Sie den Topf 1–2 cm unterhalb des Randes (Gießrand) mit Substrat, drücken Sie den Wurzelballen fest hinein und füllen Sie entstehende Löcher mit Substrat. Gründlich wässern, damit die Wurzeln von Erde umschlossen sind.

RICHTIG AUSSÄEN

Um selbst Samen auszusäen, brauchen Sie nicht viel: Saatguttütchen oder gesammelte Pflanzensamen, spezielles, nährstoffarmes Anzuchtsubstrat (Aussaaterde aus dem Gartencenter) oder Quelltöpfchen sowie eine geeignete, flache Aussaatschale plus Klarsichtfolie.

Der beste Zeitpunkt für die Aussaat ist der Frühling; auf den Saatguttütchen steht ebenfalls, wann Sie sie aussäen können und auch ob es sich dabei um Licht- oder Dunkelkeimer handelt.

Füllen Sie das Anzuchtsubstrat bis 1–2 cm unterhalb des Randes in das gründlich gereinigte Aussaatgefäß und feuchten es mit Wasser aus einer Sprühflasche an oder legen Sie die Quelltöpfchen so lange in Wasser, bis sie aufgequollen sind, und setzen Sie diese in ein Aussaatgefäß.

Streuen Sie dann die Samen gleichmäßig auf der Oberfläche aus, evtl. mit einem Sieb.

Bedecken Sie die Samen von Lichtkeimern ganz fein mit Substrat, Samen von Dunkelkeimern werden mit 1 cm Substrat bedeckt oder ins Substrat versenkt.

Decken Sie die Schale locker mit einer durchsichtigen Plastikfolie ab und stellen Sie sie an einen hellen, warmen Platz ohne direkte Sonneneinstrahlung. Halten Sie das Substrat mittels einer Sprühflasche feucht. Sobald die Mehrzahl der Samen gekeimt ist, die Folie entfernen.

RICHTIG VERMEHREN

Zu groß gewordene Pflanzen können Sie einfach beim Umtopfen teilen. Das geht so:

1 Schneiden Sie dazu den Wurzelstock mit einem scharfen, sauberen Messer in zwei oder mehr Teile. Achten Sie darauf, dass die Teile nicht zu klein sind.
2 Anschließend topfen Sie jedes Teilstück separat in frisches Substrat ein. Die Wurzeln sollten guten Halt finden. Gießen Sie vorsichtig an und stellen Sie die geteilten Pflanzen an einen hellen, warmen Platz.

Weiden und viele andere Kübel- und Topfpflanzen können über Stecklinge vermehrt werden. Dazu schneiden Sie im Frühjahr oder Herbst einen jungen, etwa 10 cm langen Trieb mit fünf oder sechs Blättern ab, entfernen die untersten Blätter und verkleinern die übrigen Blätter um die Hälfte bis zwei Drittel (um die Verdunstung herabzusetzen).

IM WASSERGLAS
Stellen Sie die frisch geschnittenen Stecklinge in ein mit frischem Wasser gefülltes Glas. Auf der Fensterbank ohne direkte Sonneneinstrahlung bilden sich innerhalb der nächsten Woche feine Wurzeln. Nach etwa 2–3 Wochen können die Stecklinge in Substrat gepflanzt werden; gut angießen.

DIREKT IN DIE ERDE
Sie können den frisch abgeschnittenen Steckling auch direkt in feuchte, nährstoffarme Aussaaterde stecken. Stülpen Sie eine durchsichtige Plastiktüte oder ein Glas über Topf und Steckling und stellen alles auf die Fensterbank ohne direkte Sonneneinstrahlung; regelmäßig lüften.

RICHTIG
GIESSEN UND DÜNGEN

Gießwasser kommt niemals direkt aus dem Wasserhahn, denn dieses ist viel zu kalt. Lassen Sie das Leitungswasser abstehen, so kann sich auch der darin enthaltene Kalk absetzen.

Jede Pflanze hat einen arteigenen Wasserbedarf, manche verdunsten viel Wasser über ihre Blätter und müssen daher öfter gegossen werden. Andere verdunsten kaum Wasser und werden nur selten gegossen. Pflanzen in Tontöpfen brauchen mehr Wasser als solche in Plastiktöpfen.

Die meisten Pflanzen fühlen sich wohl, wenn das Substrat stets leicht feucht ist. Es darf weder ganz trocken noch klatschnass sein. Wie feucht das Substrat ist, können Sie leicht prüfen: Stecken Sie den Finger 2–3 cm tief in das Substrat. Wenn die oberen 2 cm trocken sind, ist Zeit zum Gießen.

Gießen Sie am besten nur morgens oder abends, vor allem im Sommer. Werden die Pflanzen in der Mittagshitze gegossen, wirkt jeder Tropfen wie ein Brennglas und kann die Pflanze verbrennen.

Gießen Sie auch stets nur direkt das Substrat und nicht über Blätter oder Blüten.

Vermeiden Sie Staunässe, denn wenn die Wurzeln längere Zeit im wassergetränkten Boden stehen, sterben sie ab. Dann welkt die Pflanze.

NOTFALL!

Wenn Pflanzen zu viel oder zu wenig Wasser bekommen, merken Sie das sofort. Sie verwelken.

Bevor Sie zur Gießkanne greifen, prüfen Sie mit den Fingern die Feuchtigkeit des Substrats.

Das Substrat ist ganz trocken: Füllen Sie einen Eimer halbvoll mit Wasser; stellen Sie die Pflanze mit Topf so lange ins Wasser, bis keine Luftblasen mehr aus dem Substrat aufsteigen. Herausnehmen und überschüssiges Wasser ablaufen lassen.

Das Substrat ist nass: Staunässe bringt die meisten Pflanzen um, sie ist viel gefährlicher als Trockenheit. Um die Pflanze zu retten, topfen Sie sie, nachdem Sie die verfaulten Wurzelteile entfernt haben, in frische Erde um (siehe Seite 40).

RICHTIG DÜNGEN

Pflanzen brauchen verschiedene Nährstoffe zum Gedeihen. Die Nährstoffe in den üblichen Pflanzsubstraten (Blumenerde) halten ungefähr 4–6 Wochen. Danach müssen Sie düngen – von April bis Anfang August! Werden die Pflanzen später als Mitte August gedüngt, gehen sie geschwächt in die Winterruhe (siehe Seite 38/39).

Für Topf- und Kübelpflanzen können Sie zwischen festen und flüssigen Düngern wählen, am besten in rein organischer Form. Feste Dünger sind beispielsweise Düngestäbchen oder Düngekügelchen, die Sie in das Substrat stecken oder auf dieses streuen und mit einer Handharke etwas einarbeiten. Flüssigdünger fügen Sie dem Gießwasser zu. Düngen Sie Bienenblumen stets etwas weniger als auf den Düngerpackungen empfohlen, denn die meisten sind heimische Wildblumen, die an stickstoffsalzarme Böden angepasst sind.

PFLANZEN PORTRÄTS

DIESE SYMBOLE ZEIGEN IHNEN, WELCHE INSEKTEN DIE BLÜTEN BESUCHEN

 Hummeln und andere Wildbienen   Käfer

 Honigbienen   Schwebfliegen

 Schmetterlinge

ECHTER BALDRIAN *Valeriana officinalis*

BLÜTEZEIT	NEKTAR- & POLLENGEHALT
Juni bis August	nektarreich, pollenhaltig

STANDORT	
sonnig bis halbschattig, Ost-, Süd- und Westbalkon	

HABITUS, WUCHSHÖHE	
stattliche Pflanze, bis zu 100 cm hoch – mehrjährig, winterhart	

Wählen Sie einen Kübel und teilen Sie den Wurzelstock im Herbst. Heilpflanze mit beruhigender Wirkung.

BASILIKUM *Ocimum basilicum*

BLÜTEZEIT	NEKTAR- & POLLENGEHALT
Juni bis September	nektarhaltig, pollenhaltig

STANDORT	
sonnig bis halbschattig, Ost-, Süd- und Westbalkon	

HABITUS, WUCHSHÖHE	
aufrecht wachsend, bis zu 30 cm hoch – am besten einjährig kultivieren, jedes Jahr ab März auf der Fensterbank frisch aussäen	

Topf mit Basilikum an die wärmste Stelle auf dem Balkon stellen. Für die Bienen zum Blühen kommen lassen.

WINTER-, BERG-BOHNENKRAUT
Satureja montana

BLÜTEZEIT	NEKTAR- & POLLENGEHALT
Juli bis Oktober	nektarreich, pollenhaltig

STANDORT	
sonnig, Südbalkon	

HABITUS, WUCHSHÖHE	
buschig, bis zu 50 cm hoch – mehrjährig, winterhart	

Winter-Bohnenkraut im Frühjahr zurückschneiden. Das einjährige Sommer-Bohnenkraut (S. hortensis) im Frühjahr aussäen, regelmäßig gießen, nicht austrocknen lassen.

BORETSCH, BORRETSCH *Borago officinalis*

BLÜTEZEIT	NEKTAR- & POLLENGEHALT
Juni bis September	sehr nektarreich, pollenhaltig

STANDORT
sonnig, Südbalkon

HABITUS, WUCHSHÖHE
aufrecht, bis zu 70 cm hoch – einjährig, im Frühjahr aussäen

Die flachen, sternförmigen Blüten sind zunächst rosa, dann leuchtend blau. Die rau behaarten Blätter würzen Salat und Gemüse, auch die Blüten sind essbar. Sät sich selbst aus.

DILL *Anethum graveolens*

BLÜTEZEIT	NEKTAR- & POLLENGEHALT
Juni bis August	nektarhaltig, pollenhaltig

STANDORT
sonnig, warm, Südbalkon

HABITUS, WUCHSHÖHE
filigran, 40–120 cm hoch – einjährig, im Frühjahr aussäen

Die kleinen, goldgelben Blüten bilden eine leicht gewölbte Dolde, auf der viele Insekten landen. Bekannte Gewürzpflanze.

GEWÖHNLICHER DOST, OREGANO
Origanum vulgare

BLÜTEZEIT	NEKTAR- & POLLENGEHALT
Juli bis Oktober	nektarreich, pollenhaltig

STANDORT
sonnig, Südbalkon

HABITUS, WUCHSHÖHE
dichtbuschig, bis zu 50 cm hoch – mehrjährig, ausdauernd, in rauen Lagen Winterschutz

Beim Zerreiben duften die Blätter würzig, beliebtes Pizzagewürz. Die blassrosa Blüten sind wertvoll für Bienen und Hummeln, auch Schmetterlinge besuchen sie gern.

ECHTE KAPUZINERKRESSE
Tropaeolum majus

BLÜTEZEIT	NEKTAR- & POLLENGEHALT
Juli bis zum ersten Frost	nektarreich, pollenreich

STANDORT
sonnig bis schattig, auf allen Balkonen

HABITUS, WUCHSHÖHE
buschig, niederliegend oder rankend, bis zu 3 m lange Triebe – einjährig, im Frühjahr aussäen

Die schnellwüchsige Kapuzinerkresse kommt selbst auf Nordbalkonen zum Blühen. Die Triebe rankender Sorten hängen weit herab oder klettern empor (Sichtschutz).

BLAUE KATZENMINZE *Nepeta x faassenii*

BLÜTEZEIT	NEKTAR- & POLLENGEHALT
Juni bis September	nektarreich, pollenhaltig

STANDORT
sonnig, Südbalkon

HABITUS, WUCHSHÖHE
aufrecht, locker buschig, bis zu 50 cm hoch – mehrjährig, ausdauernd

Die robuste Katzenminze verträgt es auch, wenn der Boden im Gefäß mal längere Zeit nicht gegossen wird. Um eine zweite Blüte anzuregen, sollten Sie Verblühtes abschneiden.

KORIANDER *Coriandrum sativum*

BLÜTEZEIT	NEKTAR- & POLLENGEHALT
Juni bis August	nektarhaltig, pollenhaltig

STANDORT
sonnig, warm, Südbalkon

HABITUS, WUCHSHÖHE
Blätter in Rosetten, lange aufrechte Blütenstiele, einjährig, manchmal auch zweijährig, im Frühjahr aussäen

Die kleinen, weißen Blüten stehen in flachen Dolden beisammen, die dank des leicht zugänglichen Nektars und der Pollen von vielen Insekten besucht werden.

ECHTER LAVENDEL *Lavandula angustifolia*

BLÜTEZEIT	NEKTAR- & POLLENGEHALT
Juni bis August	nektarreich, pollenhaltig

STANDORT
sonnig bis halbschattig, auf Ost-, Süd- und Westbalkonen

HABITUS, WUCHSHÖHE
buschig, verzweigt, bis zu 60 cm hoch – mehrjährig, ausdauernd, Winterschutz oder an kühlem Ort drinnen überwintern

Dieser duftende Halbstrauch ist eine geschätzte Heilpflanze. Je sonniger und wärmer der Platz, umso üppiger fällt die Blüte aus und lockt jede Menge Insekten an.

MAJORAN *Origanum majorana*

BLÜTEZEIT	NEKTAR- & POLLENGEHALT
Juli bis September	nektarreich, pollenhaltig

STANDORT
sonnig, auf Südbalkon

HABITUS, WUCHSHÖHE
buschig verzweigt, flaumig behaart, einjährig (bei uns, in warmen Regionen auch mehrjährig), im Frühjahr aussäen

Diese alte Heil- und Würzpflanze stammt aus dem Mittelmeerraum und muss bei uns meist im Frühjahr neu ausgesät werden.

MOSCHUS-MALVE *Malva moschata*

BLÜTEZEIT	NEKTAR- & POLLENGEHALT
Juni bis September	nektarreich, pollenhaltig

STANDORT
sonnig, warm, auf Südbalkon

HABITUS, WUCHSHÖHE
buschig verzweigt mit kräftigen Stängeln, bis zu 100 cm hoch – mehrjährig, ausdauernd, Winterschutz erforderlich

Dank ihrer langen Blütezeit gehört sie zu den wertvollsten Insektenblumen. Verblüht duften die Blüten nach Moschus.

RINGELBLUME *Calendula officinalis*

BLÜTEZEIT	NEKTAR- & POLLENGEHALT
Juni bis September	nektarhaltig, pollenhaltig

STANDORT
sonnig, Südbalkon

HABITUS, WUCHSHÖHE
aufrecht, stark verzweigt, bis zu 60 cm hoch – einjährig, im Frühjahr aussäen

Ringelblumen sind sehr pflegeleicht. Mit Glück säen sie sich selbst aus, sodass sie jedes Jahr erneut erscheinen.

ROSMARIN *Rosmarinus officinalis*

BLÜTEZEIT	NEKTAR- & POLLENGEHALT
Mai bis Juli	nektarreich, pollenhaltig

STANDORT
sonnig, warm, auf Südbalkon

HABITUS, WUCHSHÖHE
dicht verzweigter Strauch, mehrjährig, ausdauernd, in warmen Gegenden winterfest, sonst hell und kühl überwintern

Beim Zerreiben duften die harten, nadelähnlichen Blätter intensiv. Die schmalen, glockigen Lippenblüten in weißlichen bis hellbläulichen Tönen locken auch Nachtfalter an.

ECHTER SALBEI *Salvia officinalis*

BLÜTEZEIT	NEKTAR- & POLLENGEHALT
Mai bis September	nektarreich, pollenhaltig

STANDORT
sonnig, warm, auf Südbalkon

HABITUS, WUCHSHÖHE
stark verzweigter Halbstrauch, bis 60 cm hoch – mehrjährig, ausdauernd, in warmen Gegenden winterhart, sonst Winterschutz

Schon seit über 1000 Jahren wird der aromatisch duftende Echte Salbei bei uns als Heil- und Würzkraut angebaut.

ECHTER THYMIAN *Thymus vulgaris*

BLÜTEZEIT	NEKTAR- & POLLENGEHALT
Mai bis Oktober	nektarreich, pollenhaltig

STANDORT	
sonnig, warm, auf Südbalkon	

HABITUS, WUCHSHÖHE	
flacher Wuchs als Polsterpflanze, bis zu 40 cm hoch – mehrjährig, ausdauernd, Winterschutz	

Gedeiht vor allem auf trockenen, steinigen Böden, ist daher ideal für eine Dachbegrünung.

YSOP *Hyssopus officinalis*

BLÜTEZEIT	NEKTAR- & POLLENGEHALT
Juli bis September	nektarhaltig, pollenhaltig

STANDORT	
sonnig bis halbschattig, auf Ost-, Süd- und Westbalkon	

HABITUS, WUCHSHÖHE	
dichtbuschiger Halbstrauch, bis zu 60 cm hoch – mehrjährig, ausdauernd, meist winterhart	

Mit ihren vielen, kleinen, blauvioletten Blüten gehört diese alte Heilpflanze eigentlich auf jeden Balkon.

ECHTER ZIEST, HEIL-ZIEST
Stachys officinalis

BLÜTEZEIT	NEKTAR- & POLLENGEHALT
Juni bis September	nektarreich, pollenhaltig

STANDORT	
sonnig bis halbschattig, auf Ost-, Süd- und Westbalkon	

HABITUS, WUCHSHÖHE	
aufrechter, gerader Wuchs, bis zu 50 cm hoch – mehrjährig, ausdauernd, meist winterhart	

Die hellrosa bis hellroten Blüten dieser Heilpflanze sind für viele Insekten sehr attraktiv. Duftet kaum.

AKELEI *Aquilegia vulgaris*

BLÜTEZEIT	NEKTAR- & POLLENGEHALT
Mai bis Juli	nektarreich, pollenhaltig

STANDORT
sonnig bis halbschattig, feuchter Boden, auf Ost-, Süd- und Westbalkon

HABITUS, WUCHSHÖHE
buschig mit langen Blütenstielen, bis zu 80 cm hoch – mehrjährig, ausdauernd, winterhart

Die Akelei ist eine heimische Wild- und eine typische Hummelblume – achten Sie auf ungefüllte Blüten.

SCHWERTBLÄTTRIGER ALANT
Inula ensifolia

BLÜTEZEIT	NEKTAR- & POLLENGEHALT
Juli bis August	nektarreich, pollenhaltig

STANDORT
sonnig, auf Südbalkon

HABITUS, WUCHSHÖHE
buschiger Wuchs, bis zu 15 cm hoch – mehrjährig, ausdauernd, winterhart

Macht sich gut im Balkonkasten, wenn Sie ihn zu mehreren pflanzen. Auch für die Dachbegrünung eine tolle Bienenweide.

BERG-ASTER, KALK-ASTER *Aster amellus*

BLÜTEZEIT	NEKTAR- & POLLENGEHALT
August bis Oktober	nektarreich, pollenreich

STANDORT
sonnig, auf Südbalkon

HABITUS, WUCHSHÖHE
aufrecht mit bodenständiger Blätterrosette, bis zu 50 cm hoch – mehrjährig, ausdauernd, winterhart

Als Spätblüher eine wichtige Bienenpflanze vor allem für die jungen Hummelköniginnen.

BLAUKISSEN *Aubrieta deltoidea*

BLÜTEZEIT	NEKTAR- & POLLENGEHALT
April bis Mai	nektarhaltig, pollenhaltig

STANDORT
sonnig, auf Südbalkon

HABITUS, WUCHSHÖHE
polsterbildend, bis zu 8 cm hoch – mehrjährig, ausdauernd, winterhart

Eignet sich nicht nur als Bodendecker in Beeten, für Balkon- und Terrassenbepflanzung, sondern auch für Mauern.

FÄRBER-HUNDSKAMILLE
Anthemis tinctoria

BLÜTEZEIT	NEKTAR- & POLLENGEHALT
Juni bis September	nektarhaltig, pollenhaltig

STANDORT
sonnig, auf Südbalkon

HABITUS, WUCHSHÖHE
buschiger Wuchs mit langen, verzweigten Blütenstängeln, bis zu 60 cm hoch – zwei- oder mehrjährig, winterhart, im Frühjahr aussäen

Recht kurzlebig, bildet umso mehr Blüten, je trockener sie steht. Die gelben Blütenköpfe schließen sich nachts.

PURPUR-FETTHENNE, HOHE FETTHENNE
Sedum telephium

BLÜTEZEIT	NEKTAR- & POLLENGEHALT
August bis Oktober	nektarreich, pollenhaltig

STANDORT
sonnig, auf Südbalkon

HABITUS, WUCHSHÖHE
horstartiger Wuchs, bis zu 60 cm – mehrjährig, ausdauernd, winterhart

Schneiden Sie sie nicht im Herbst zurück, sondern lassen Sie die vertrockneten Blütenstängel bis zum Frühjahr stehen.

BERG-FLOCKENBLUME
Centaurea montana

BLÜTEZEIT	NEKTAR- & POLLENGEHALT
Mai bis September	nektarreich, pollenhaltig

STANDORT
sonnig bis halbschattig, auf Ost-, Süd- und Westbalkon

HABITUS, WUCHSHÖHE
kräftige, aufrechte, verzweigte Blütenstängel, bis zu 70 cm hoch – mehrjährig, ausdauernd, winterhart

Mit ihren zweifarbigen Blüten und der langen Blütezeit eine attraktive, pflegeleichte Bienenpflanze, auch für den Balkon.

RUNDBLÄTTRIGE GLOCKENBLUME
Campanula rotundifolia

BLÜTEZEIT	NEKTAR- & POLLENGEHALT
Juni bis August	nektarhaltig, pollenhaltig

STANDORT
sonnig bis halbschattig, auf Ost-, Süd- und Westbalkon

HABITUS, WUCHSHÖHE
polsterartig, bis zu 30 cm hoch – mehrjährig, ausdauernd, winterhart

Pflegeleicht, eignet sich auch als Dachbegrünung, da sie sich mittels Ausläufern und Selbstaussaat weit verbreitet. Bienen suchen gern Schutz in den Blüten.

BESENHEIDE *Calluna vulgaris*

BLÜTEZEIT	NEKTAR- & POLLENGEHALT
August bis September	nektarreich, pollenhaltig

STANDORT
sonnig bis hell, auf Ost-, Süd- und Westbalkon

HABITUS, WUCHSHÖHE
kleiner, stark verzweigter Strauch, bis zu 50 cm hoch – mehrjährig, ausdauernd, winterhart

Damit dieser Zwergstrauch jedes Jahr neu blüht, müssen Sie ihn im März/April kräftig zurückschneiden. Die Blüten bieten im Spätsommer Nahrung für Insekten, die Blätter für Raupen.

GEWÖHNLICHER HORNKLEE
Lotus corniculatus

BLÜTEZEIT	NEKTAR- & POLLENGEHALT
Mai bis August	nektarreich, pollenarm

STANDORT
sonnig, auf Südbalkon

HABITUS, WUCHSHÖHE
buschig, bis zu 30 cm hoch – mehrjährig,
ausdauernd, winterhart

Diese heimische Wildblume ist für viele Wildbienen
eine wichtige Nahrungspflanze, ebenso für verschiedene
Raupen von Schmetterlingen.

KORNBLUME *Centaurea cyanus*

BLÜTEZEIT	NEKTAR- & POLLENGEHALT
Juni bis Oktober	nektarreich, pollenhaltig

STANDORT
sonnig, warm, auf Südbalkon

HABITUS, WUCHSHÖHE
aufrecht, bis zu 80 cm hoch – einjährig, im Frühjahr aussäen

Früher wuchs die Kornblume auf jedem Acker, heute
zusammen mit anderen Bienenblumen auf dem Balkon.
Saatgut ist in Samenmischungen für Insekten enthalten.

NELKEN-LEIMKRAUT *Silene armeria*

BLÜTEZEIT	NEKTAR- & POLLENGEHALT
Mai bis Oktober	nektarhaltig, pollenhaltig

STANDORT
sonnig, auf Südbalkon

HABITUS, WUCHSHÖHE
aufrecht, bis zu 70 cm – einjährig, im Frühjahr aussäen

Alte Bauerngartenpflanze, sät sich selbst aus.

SCHARFER MAUERPFEFFER *Sedum acre*

BLÜTEZEIT	NEKTAR- & POLLENGEHALT
Juni bis August	nektarreich, pollenhaltig

STANDORT
sonnig, auf Südbalkon

HABITUS, WUCHSHÖHE
teppichartiger Wuchs, bis zu 10 cm hoch – mehrjährig,
ausdauernd, winterhart

Hübsche Wildstaude, bildet attraktive Polster auf Mauern
und zwischen Steinen, auch als Dachbegrünung. Verträgt
auch längere Trockenheit.

KLATSCH-MOHN *Papaver rhoeas*

BLÜTEZEIT	NEKTAR- & POLLENGEHALT
Juli bis August	nektarlos, sehr pollenreich

STANDORT
sonnig, auf Südbalkon

HABITUS, WUCHSHÖHE
aufrecht, bis zu 80 cm hoch – einjährig, im Frühjahr aussäen

Wächst auf Getreidefeldern. Zusammen mit Kornblumen,
Venusspiegel oder Sommer-Adonisröschen macht er sich
auch gut in einem Pflanzgefäß auf Balkon und Terrasse.

NATTERNKOPF *Echium vulgare*

BLÜTEZEIT	NEKTAR- & POLLENGEHALT
Juni bis September	nektarreich, pollenhaltig

STANDORT
sonnig, auf Südbalkon

HABITUS, WUCHSHÖHE
aufrecht, bis zu 80 cm hoch – zweijährig, im Frühjahr aussäen

Bildet im ersten Jahr nur Blätter, erst im zweiten Jahr
entwickelt sie den hohen Blütenstand mit vielen
blauen Blüten.

KARTÄUSER-NELKE
Dianthus carthusianorum

BLÜTEZEIT	NEKTAR- & POLLENGEHALT
Juni bis September	nektarhaltig, pollenhaltig

STANDORT
sonnig, auf Südbalkon

HABITUS, WUCHSHÖHE
buschig, bis zu 40 cm hoch – mehrjährig, ausdauernd, winterhart

Unermüdlich blüht diese heimische Wildstaude den ganzen Sommer lang, sie lockt mit den roten, zart duftenden Blüten vor allem verschiedene Schmetterlinge an.

STINKENDE NIESWURZ *Helleborus foetidus*

BLÜTEZEIT	NEKTAR- & POLLENGEHALT
Februar bis März	nektarreich, pollenreich

STANDORT
sonnig bis halbschattig, auf Ost-, Süd- und Westbalkon

HABITUS, WUCHSHÖHE
buschiger, immergrüner Halbstrauch, bis zu 60 cm hoch – mehrjährig, ausdauernd, winterhart

Anspruchslose Wildpflanze, sieht das ganze Jahr über gut aus.

STAUDEN-PHLOX *Phlox paniculata*

BLÜTEZEIT	NEKTAR- & POLLENGEHALT
Juli bis September	nektarhaltig, pollenhaltig

STANDORT
sonnig bis halbschattig, auf Ost-, Süd- und Westbalkon

HABITUS, WUCHSHÖHE
aufrecht, bis zu 80 cm hoch – mehrjährig, ausdauernd, winterhart

Stammt aus Nordamerika und macht sich mit seinen duftenden Blüten gut in größeren Pflanzgefäßen.

WALD-PLATTERBSE *Lathyrus sylvestris*

BLÜTEZEIT	NEKTAR- & POLLENGEHALT
Juli bis August	nektarhaltig, pollenarm

STANDORT
sonnig bis halbschattig, auf Ost-, Süd- und Westbalkon

HABITUS, WUCHSHÖHE
kletternder Wuchs, bis zu 3 m lange Stängel – mehrjährig, ausdauernd, winterhart

An Balkon- und Terrassengeländer rankt diese Platterbsenart mit reichlich Blüten empor. Da sie zum Keimen Frost braucht, sät man sie am besten im Herbst aus.

FÄRBER-RESEDE, GELBE RESEDE
Reseda luteola, Reseda lutea

BLÜTEZEIT	NEKTAR- & POLLENGEHALT
Mai/Juni bis September	nektarhaltig, pollenreich

STANDORT
sonnig bis halbschattig, auf Ost-, Süd- und Westbalkon

HABITUS, WUCHSHÖHE
aufrecht, bis zu 80 cm – zweijährig, winterhart

Bilden im ersten Jahr nur Blätter, im zweiten Jahr entsteht ein hoher Blütenstängel mit unzähligen pollenreichen Blüten.

ECHTES SEIFENKRAUT *Saponaria officinalis*

BLÜTEZEIT	NEKTAR- & POLLENGEHALT
Juli bis September	nektarreich, pollenreich

STANDORT
sonnig, warm, auf Südbalkon

HABITUS, WUCHSHÖHE
buschig mit aufrechten und liegenden Stängeln, bis zu 60 cm hoch – mehrjährig, ausdauernd, winterhart

Breitet sich gern aus – über Rhizomausläufer und über Samen. Bei Dunkelheit duften die weißen Blüten und locken damit auch langrüsselige Schmetterlinge an.

SONNENBLUME *Helianthus annuus*

BLÜTEZEIT	NEKTAR- & POLLENGEHALT
Juli bis September	nektarreich, pollenreich

STANDORT
sonnig, auf Südbalkon

HABITUS, WUCHSHÖHE
aufrecht, bis zu 4 m hoch (je nach Sorte) – einjährig, im Frühjahr aussäen (Samen 2 cm tief in den Boden stecken)

Funktionieren auch auf Balkon und Terrasse – stecken Sie im Frühjahr die Kerne in Töpfe und Kübel.

HORN-VEILCHEN *Viola cornuta*

BLÜTEZEIT	NEKTAR- & POLLENGEHALT
April bis August	nektarhaltig, pollenhaltig

STANDORT
sonnig bis halbschattig, auf Ost-, Süd- und Westbalkon

HABITUS, WUCHSHÖHE
buschig, mehrjährig, ausdauernd, nur in warmen Gegenden winterhart, bei Spätfrost Winterschutz erforderlich

Im Frühjahr besuchen Wild- und Honigbienen auch die Blüten der Horn-Veilchen, die daher eine gute Nahrungsquelle darstellen, wenn noch nicht so viel blüht.

WALD-VERGISSMEINNICHT
Myosotis sylvatica

BLÜTEZEIT	NEKTAR- & POLLENGEHALT
Juni bis September	nektarhaltig, pollenarm

STANDORT
sonnig, auf Südbalkon

HABITUS, WUCHSHÖHE
buschig, bis zu 30 cm hoch – ein- oder mehrjährig, winterhart

Die kleinen Blüten bieten zwar nicht viel Nahrung, aber weil es so viele sind, werden sie gern von verschiedenen Bienen und Schwebfliegen besucht.

APFEL, BALLERINA-TREE *Malus Ballerina*

BLÜTEZEIT	NEKTAR- & POLLENGEHALT
April bis Mai	sehr nektar- und pollenreich

STANDORT
sonnig bis halbschattig, windgeschützt, auf Ost-, Süd- und Westbalkon

HABITUS, WUCHSHÖHE
schlank aufrecht, bis zu 2,5 m hoch – mehrjährig, ausdauernd, winterhart, Wurzelballen im Kübel im Winter schützen

Damit sich Früchte bilden, am besten gleich zwei Ballerina-Bäume nehmen. Überaus wertvolle Bienenweide!

KULTUR-HEIDELBEERE
Vaccinium corymbosum

BLÜTEZEIT	NEKTAR- & POLLENGEHALT
Mai bis Juli	sehr nektarreich, pollenhaltig

STANDORT
halbschattig, Ost- oder Westbalkon

HABITUS, WUCHSHÖHE
buschig, bis 1,5 m – mehrjährig, ausdauernd, winterhart, Wurzelballen im Kübel im Winter schützen

Benötigt einen leicht sauren Boden, verwenden Sie daher Rhododendronerde im Kübel. Bedecken Sie den Boden zudem mit Rindenmulch oder Besenheide (siehe Seite 52).

HERBST-HIMBEERE
Rubus idaeus Sorte 'Sugana', 'Autumn Bliss'

BLÜTEZEIT	NEKTAR- & POLLENGEHALT
Mai bis August	nektarreich, pollenreich

STANDORT
sonnig bis halbschattig, Ost-, Süd- und Westbalkon

HABITUS, WUCHSHÖHE
buschig, bis zu 1,5 m hoch – mehrjährig, ausdauernd, winterhart, Wurzelballen im Kübel im Winter schützen

Unempfindlich, gedeihen auch gut im Kübel, tragen Früchte an frisch ausgetriebenen Ruten und sind sehr pflegeleicht.

ROTE JOHANNISBEERE *Ribes rubrum*

BLÜTEZEIT	NEKTAR- & POLLENGEHALT
April bis Mai	nektarreich, pollenhaltig

STANDORT
sonnig bis halbschattig, Ost-, Süd- und Westbalkon

HABITUS, WUCHSHÖHE
buschig oder als Hochstämmchen, bis zu 1,5 m –
mehrjährig, ausdauernd, winterhart, Wurzelballen im
Kübel im Winter schützen

Die unscheinbaren Blüten werden von vielen Bienen
besucht. Johannisbeeren sind unkompliziert und pflegeleicht.

DUFT-CLEMATIS
Clematis x triternata 'Rubromarginata'

BLÜTEZEIT	NEKTAR- & POLLENGEHALT
Juli bis Oktober	nektarhaltig, pollenhaltig

STANDORT
sonnig bis halbschattig, auf Ost-, Süd- und Westbalkon

HABITUS, WUCHSHÖHE
Kletterpflanze, bis zu 5 m hoch, stabiles Rankgerüst! –
mehrjährig, ausdauernd, winterhart, Wurzelballen im
Kübel im Winter schützen

Robust, duftend, blüht unermüdlich. Das große Pflanzgefäß
muss schattig stehen, die Wurzeln wollen es kühl.

GEWÖHNLICHER EFEU *Hedera helix*

BLÜTEZEIT	NEKTAR- & POLLENGEHALT
August bis Oktober	sehr nektarreich, pollenreich

STANDORT
sonnig bis schattig, auf allen Balkonen

HABITUS, WUCHSHÖHE
Kletterpflanze, bis zu 20 m hoch – mehrjährig,
ausdauernd, winterhart

Gehört zu den besten heimischen Insektenpflanzen. Er rankt
mit „Füßchen" empor – wenn Sie die nicht mögen, sorgen Sie
dafür, dass er nur am Rankgerüst klettert.

STACHELBEER-KIWI *Actinidia arguta 'Issai'*

BLÜTEZEIT	NEKTAR- & POLLENGEHALT
Mai bis Juni	nektarreich, pollenreich

STANDORT
sonnig bis halbschattig, für Ost-, Süd- und Westbalkon

HABITUS, WUCHSHÖHE
Kletterpflanze, bis zu 4 m hoch, stabiles Rankgerüst –
mehrjährig, Wurzelballen im Kübel im Winter schützen

Für Balkon und Terrasse wählen Sie am besten die selbst-
befruchtende Sorte 'Issai' der kleinfrüchtigen Kiwis
(*A. arguta*).Wichtig ist ein stabiles Rankgerüst.

WEINREBE *Vitis vinifera*

BLÜTEZEIT	NEKTAR- & POLLENGEHALT
Mai bis Juni	nektarreich, pollenhaltig

STANDORT
sonnig, geschützt, auf Südbalkon

HABITUS, WUCHSHÖHE
Kletterpflanze, bis zu 3 m hoch, stabiles Rankgerüst –
mehrjährig, ausdauernd, winterhart, Wurzelballen im
Kübel im Winter schützen

Für die Kultur im großen Gefäß wählen Sie eine Sorte, die
zum Klima Ihrer Region passt (regionale Baumschule).

BARTBLUME, CLANDON-BARTBLUME
Caryopteris x clandonensis

BLÜTEZEIT	NEKTAR- & POLLENGEHALT
August bis Oktober	sehr nektarreich, pollenreich

STANDORT
sonnig, geschützt, auf Südbalkon

HABITUS, WUCHSHÖHE
buschig, bis zu 1 m hoch – mehrjährig, ausdauernd,
winterhart, Winterschutz

Eine unglaublich attraktive Kübelpflanze mit duftenden
Blättern. Im zeitigen Frühjahr kräftig zurückschneiden.

SOMMERFLIEDER *Buddleja davidii*

BLÜTEZEIT	NEKTAR- & POLLENGEHALT
Juli bis September	nektarhaltig, pollenhaltig

STANDORT
sonnig bis halbschattig, auf Ost-, Süd- und Westbalkon

HABITUS, WUCHSHÖHE
buschig, bis zu 2 m hoch – mehrjährig, ausdauernd,
winterhart, Winterschutz

Wichtig sind ein starker Rückschnitt im zeitigen Frühjahr und
das konsequente Entfernen abgeblühter Blütentrauben.
Schmetterlingsmagnet!

FÄRBERGINSTER *Genista tinctoria*

BLÜTEZEIT	NEKTAR- & POLLENGEHALT
Juni bis August	nektararm, pollenreich

STANDORT
sonnig bis halbschattig, auf Ost-, Süd- und Westbalkon

HABITUS, WUCHSHÖHE
aufrecht buschig, bis zu 1 m hoch – mehrjährig, ausdauernd,
winterhart, Winterschutz

Die goldgelben Blüten werden von vielen Insekten besucht.

HUNDS-ROSE *Rosa canina*

BLÜTEZEIT	NEKTAR- & POLLENGEHALT
April bis Mai	nektarhaltig, pollenreich

STANDORT
sonnig, warm, auf Südbalkon

HABITUS, WUCHSHÖHE
buschig, stachelig, bis zu 3 m hoch – mehrjährig, ausdauernd,
winterhart, Wurzelballen im Kübel im Winter schützen

Bildet im Herbst rote Hagebutten. Sie können diese Pflanze
ganz nach Belieben schneiden.

SOS! NOTRUF 112!

Vor Wildbienen müssen Sie sich nicht schützen, denn sie tun Ihnen nichts!

Wespen hingegen können lästig werden. Vor allem im Sommer und an warmen Herbsttagen umfliegen sie nervös und hektisch süße und fleischige Speisen sowie süße Getränke. Dann bedecken Sie am besten offene Gläser und Flaschen mit einem Deckel. Verzichten Sie in dieser Zeit unbedingt auf den Genuss von Dosengetränken (aus ökologischen Gründen sind diese sowieso ein No-Go), denn Sie können nicht wahrnehmen, ob eine Wespe hineingeflogen ist. Prüfen Sie auch vor jedem Bissen, ob nicht eine Wespe auf Ihrem Essen gelandet ist. Sorgen Sie gut dafür, dass Ihnen – und auch den Kindern – keine Wespe in den Mundraum gelangt. Dort würde sie sofort stechen und der Stich würde anschwellen. Im Halsbereich kann das rasch zu lebensgefährlichem Luftmangel führen.

SOS! ERSTICKUNGSGEFAHR!

Sofort Eiswürfel lutschen, kalte Umschläge um den Hals legen und den Notruf 112 alarmieren!

Wespen und Bienen halten sich auch gern am Boden auf, etwa auf niedrigen Blüten im Rasen oder in Fallobst (Pflaumen, Zwetschgen, Äpfel). Dabei können Sie in Füße oder Hände gestochen werden. Auch gelbe Badetücher locken Wespen an, dann besteht ebenfalls das Risiko, dass man gestochen wird.

SOS! SCHMERZEN!

Stich mit Spucke, kaltem Wasser oder Eis kühlen. Auch Zwiebelsaft hilft sowie ausgepresste Klee- und Gänseblümchenblüten oder Spitzwegerichblätter.

SOS! ALLERGISCHER SCHOCK!

Es gibt Menschen, die auf das injizierte Bienen- oder Wespengift allergisch reagieren. Für diese Menschen besteht Lebensgefahr! Meist haben Betroffene ein Gegengift dabei, das sie sich sofort spritzen müssen. Ansonsten sofort den Notruf 112 alarmieren!

WESPE ODER BIENE?

Wespen ziehen ihren Stachel nach dem Stich unversehrt wieder aus der Haut. Sie leben weiter und können mehrmals stechen.

Bienen hingegen können ihren Stachel nicht aus der menschlichen Haut herausziehen – er bleibt zusammen mit der Giftblase stecken. Nach dem Stich sterben die Bienen.

....

TIPP

Um Wespen vom Esstisch fernzuhalten, haben sich am besten Colalutscher bewährt, die Sie in einigem Abstand zum Tisch den Wespen anbieten.

BEZUGSQUELLEN

Bioland-Gärtnerei für Stauden, Kräuter, Rosen
www.allgaeu-stauden.de

Ökologisches Saatgut von Blumen und Kräutern
www.bingenheimersaatgut.de

Biogärtnerei für Kräuter, Blumen und Saatgut
www.bio-kraeuter.de

Bio-Saatgut von Kräutern, Blumen und mehr
www.dreschflegel-saatgut.de

Bioland-Gärtnerei mit Kräutern, Duftpflanzen, Stauden und Saatgut
www.hof-berggarten.de

Saatgut für heimische Wildblumen, Wildgräser und Wildgehölze aus gesicherten Herkünften
www.rieger-hofmann.de

Kräuter- und Duftpflanzengärtnerei
www.ruehlemanns.de

Bio-Saatgut für Kräuter, Blumen, Gründüngung
www.sativa-biosaatgut.de

Bioland-Gärtnerei mit riesigem Angebot an Wildstauden, Kräutern, Duftpflanzen, bietet auch Wildpflanzenpakete an
www.staudengaissmayer.de

Bioland-Gärtnerei mit Stauden, Kräutern, Zwiebelblumen
www.staudenspatz.de

Gärtnerei für Stauden, Kräuter und Gehölze
www.stauden-stade.de

Biogärtnerei mit Stauden, Kräutern, Zwiebelblumen, Rosen und Saatgut
www.syringa-samen.de

IMPRESSUM

Bibliografische Information der Deutschen Bibliothek.

Die Deutsche Bibliothek verzeichnet diese Publikation in der Deutschen Nationalbibliografie.

Detaillierte bibliografische Daten sind im Internet über http://www.dnb.de/ abrufbar.

EIN BUCH DER EDITION MICHAEL FISCHER
1. Auflage 2021
© 2021 Edition Michael Fischer GmbH,
Donnersbergstr. 7, 86859 Igling

Covergestaltung und Layout: Zoe Mitterhuber
Produktmanagement: Anne Schäfer-Hörr
Satz: Nathalie Hochholzer
Texte: Bärbel Oftring
Lektorat: Dr. Ruthild Kropp, Frankfurt am Main

Bildnachweis

© Peter Raider, Stephanskirchen (alle mit Ausnahme der Folgenden), © Frank Hecker, Panten (S. 8 – 11), © Nadja Buchczig, Bielefeld (S. 12, S. 45 oben, S. 46 oben, S. 48 Mitte), Bärbel Oftring (S. 30 –31, S. 32 unten – S. 33), Robert Schlossnickel, Hamburg (S. 44 unten, S. 47 Mitte)

Shutterstock: © Clara Cassiopeia (Cover vorne), © pilipphoto (S. 2/3 links), © Uniyok (Illustration S. 5, 15), Frank Hecker, Panten (S. 8-10, S. 11 Mitte), © Ton Photographer 4289 (Hintergrund S. 5, 15, 43), © yod 67 (S. 6), © Nikolai-Tsyu (S. 7), © Nick Beer (S. 13), © Timelynx (S. 32 oben), © Nagy Lehel (S. 34 oben), © TeacherKarla (S. 34 unten), © COLOMBO NICOLA (S. 35), © limpido (S. 39); © Robert Przybysz (S. 40), © aksol (S. 43 Blume), © Good Ware (Symbole Schmetterlinge, Käfer, Schwebefliegen), © t a k a h i r o (Symbol Hummeln und andere Wildbienen), © susannanova (Symbol Honigbienen), © JurateBuiviene (S. 44 oben), © JM Fotografie (S. 44 Mitte), © Dipak Shelare (S. 45 Mitte), © Bildagentur Zoonar GmbH (S. 45 unten), © Flower_Garden (S. 46 Mitte, S. 51 unten), © ELAKSHI CREATIVE BUSINESS (S. 46 unten), © watchara panyajun (S. 47 oben), © M. Schuppich (S. 47 unten), © HDesert (S. 48 oben), © Torruzzlo (S. 48 unten), © Taigi (S. 49 oben), © freya-photographer (S. 49 Mitte), © Kazakov Maksim (S. 49 unten), © Mariola Anna S (S. 50 oben), © mizy (S. 50 Mitte), © Lauren Piasecki (S. 50 unten), © torikell (S. 51 oben), © Nick Pecker (S. 51 Mitte), © Carmen Rieb (S. 52 oben), © Mirvav (S. 52 Mitte), © Marek Mierzejewski (S. 52 unten), © Martin Fowler (S. 53 oben), © SF photo (S. 53 unten), © Zawinul (S. 54 oben), © Nadezda Nikitina (S. 54 Mitte), © Vic and Julie Pigula (S. 54 unten), © Melica (S. 55 oben), © Marjan-Cermelj (S. 55 Mitte), © Vahan Abrahamyan (S. 55 unten), © simona pavan (S. 56 oben), © Brzostowska (S. 56 Mitte), © LFRabanedo (S. 56 unten), © Te. Desk PH (S. 57 oben), © Aul Zitzke (S. 57 Mitte), © lenic (S. 57 unten), © Tatiana Zinchenko (S. 58 oben), © IamTK (S. 58 Mitte), © Ratikova (S. 58 unten), © Ryzhkov Oleksandr (S. 59 oben), © Tony Baggett (S. 59 Mitte), © Ana Fidalgo (S. 59 unten), © EQRoy (S. 60 oben), © Ann Louise Hagevi (S. 60 Mitte), © Dina Rogatnykh (S. 60 unten), © Dirk M. de Boer (S. 61 oben), © Orest lyzhechka (S. 61 Mitte), © snowturtle (S. 61 unten), © Oksana Alekseeva (S. 63, Cover hinten oben rechts), © lcrms (Cover hinten rechts), © SusanBrand (Illustration Biene S. 14)

Unsplash: © Cole Keister (S. 4), © Alexander Crawley (links), © Isa Long (S. 20), Markus Spiske (Cover hinten oben links),

ISBN 978-3-7459-0868-8

Gedruckt bei PNB Print SIA „Jansili", Silakrogs, Ropazu novads, LV-2133, Lettland

www.emf-verlag.de